LA MORALE DU MONDE,

OU CONVERSATIONS.

Par M. de S. D. R.

Divisées en deux Tomes.

CONVERSATIONS MORALES,

DE

L'Esperance,
L'Envie,
La Paresse,
La Tyrannie de l'Usage,
La Colere,
L'Incertitude.

DEDIE'ES AU ROY.

TOME PREMIER.

A PARIS,

Sur le Quay des Augustins, à la descente du Pont-neuf, à l'Image Saint Loüis.

M. DC. LXXXVI.
AVEC PRIVILEGE DU ROY.

Allez mes chers Enfans
 de Païs en Païs,
Celebrez mon Heros, & ses
 faits inoüis,
Aux plus lointains Climats
 faites-luy rendre hômage;
De sa vive splendeur vous
 estes éblouïs,
Mais l'honneur d'estre à luy
 releve le courage,
 Et si vous peignez bien
 LOUIS
Des plus fiers envieux ne
 craignez point la rage,
 Tout respectera son
 Image.

DE

DE L'ESPERANCE.

TRois Dames d'un merite fort distingué se promenant dans un de ces beaux Jardins, dont les maîtres se font un plaisir du plaisir public, & donnent la permission de s'y promener en toute liberté, y rencontrerent deux de leurs Amis qui les joignirent, l'un s'appelle Telame, & l'autre Clindor; & comme ordinairement un autre de leurs Amis communs, qu'on appelle

Clitandre, avoit accoûtumé d'estre avec eux. Philiste, c'est le nom d'une des Dames, leur demanda s'il ne viendroit pas ce jour-là, parce qu'elle avoit quelque chose d'agreable à luy dire, qu'il y avoit long-temps qu'il esperoit. Il y a donc long-temps qu'il est inquiet, dit Aspasie, puisque pour l'ordinaire l'esperance est accompagnée d'inquietude. C'est selon l'humeur de celuy qui espere, reprit Climene, car une esperance sage n'inquiete pas. Dans ce moment là Clitandre parut, & Philiste, avec son humeur gaye, luy demanda en soûriant s'il estoit inquiet quand il esperoit quelque chose. N'en doutez pas, Madame, reprit-il, car je ne croy pas qu'on puisse s'assurer si fort en l'esperance, que la crainte ne s'y mesle, & la crainte est toûjours accompagnée d'inquietude, principalement si l'on desire ardemment ce qu'on espere; & c'est pour cela que les passions font naistre des esperances plus vives & plus inquietes que les choses qu'on desire sans passion, & par raison seulement. Je pensois, reprit Clindor, qu'au contraire les passions qui aveuglent ordinairement rendant l'esperance plus forte, la rendoient plus douce. Mais nous ne songeons pas, dit

Aspasie, que Philiste nous a dit qu'elle a une agreable chose à dire à Clitandre qu'il espere depuis long-temps: de sorte que si c'est une esperance qui naisse de quelque passion, il y auroit de la cruauté à l'empêcher de le tirer d'inquietude, puis qu'il dit, avec raison, que la crainte suit toûjours l'esperance. Ah! reprit Philiste, je ne me mélerois pas de guerir Clitandre de cette espece d'inquietude, si quelque passion galante la causoit; & pour ne donner pas de pretexte à la compagnie de me faire une guerre sans sujet; ce que j'ay à dire à Clitandre, est que j'ay reçû ce matin une lettre d'un de ses Amis, qui est mon parent, qui voyage depuis trois ans, & qui m'apprend qu'il sera icy dans trois jours. Ah Philiste! reprit Climene, quelque merite qu'ait vostre parent, ces sortes d'esperances là ne sont pas de celles qui donnent de si grandes inquietudes, principalement vostre parent n'estant pas un Amy unique de Clitandre, puisque nous en voyons deux autres icy. Il faut sans doute, Madame, reprit Clitandre, que vous ne soyez pas fort sensible à l'amitié pour parler ainsi; car pour moy qui aime tendrement mes Amis, j'espere, & je crains pour eux plus vivement que la pluſpart des Amans ordinaires n'eſperent, & ne craignent dans leur paſſion. Il me ſemble, repliqua Climene, que ce ſujet là eſt aſſez agreable, & aſſez particulier pour nous en entretenir; auſſi-bien fait-il encore trop chaud pour ſe promener. Toute cette aimable compapagnie convint de ce que diſoit Climene, & fut s'aſſeoir dans un cabinet écarté, dont l'ombrage & la fraîcheur étoient fort agreables; & comme il ſe rencontra par hazard qu'il n'y avoit qu'autant de ſieges qu'il en faloit, la Converſation n'y pouvoit eſtre interrompuë, comme elle l'eſt quelquesfois dans les Jardins publics par des inconnus qui viennent s'asseoir proche de ceux qui parlent, sans qu'on ait droit de les en empêcher, & qui entendent tout ce qu'on dit. Je n'avois pas esperé, dit Philiste, aprés que chacun fut placé, que nous trouverions un endroit où l'on pût parler si librement. Vous mettez l'esperance à bien peu de chose, dit Climene en soûriant. Je vous assure, reprit Philiste, que je la mets à tout, & que je suis persuadée que rien n'est plus universel, ny plus necessaire, & que sans l'esperance on ne pourroit jamais estre heureux, puis qu'en possedant tous les biens imaginables, il faut encore en esperer une longue possession ; car si on les possedoit avec une crainte continuelle de les perdre, on seroit aussi mal-heureux qu'un avare qui craint toûjours qu'on ne luy ravisse ce qu'il possede, & j'aimerois autant qu'on m'ostast la vie que l'esperance. Je suis comme vous, dit Clindor, j'espere aisément, j'espere toûjours, & j'espere même sans craindre de me tromper : si cela estoit d'autre sorte, l'esperance ne seroit pas un bien. Je ne suis pas de même, dit Aspasie, puisque la crainte dans mon cœur se mesle toûjours à l'esperance, & je ne conçois pas qu'on puisse esperer autrement. Vous avez raison, Madame, dit Clitandre, la crainte est toûjours meslée d'esperance, & l'esperance de crainte, cependant l'une n'est pas l'autre : On est dit proprement esperer, quand on espere plus qu'on ne craint, & l'on est dit craindre, quand on craint plus qu'on n'espere, & lors que ces deux sentimens sont égaux, on peut dire qu'on est entre l'esperance & la crainte. Mais l'esperance sans nulle crainte, ajoûta Telame, n'est pas esperance ; c'est aveuglement ; car on n'espere pas une chose certaine, on l'attend, & qui dit esperer, dit qu'il y a de l'incertitude, & par consequent un juste sujet de mêler la crainte à l'esperance. J'en demeure d'accord, dit Climene, pourvû que cette crainte ne trouble pas absolument cette douceur qui se trouve toûjours en l'esperance, quand on espere raisonnablement. En effet, ajoûta Climene, quand l'esperance est bien reglée, & qu'elle n'est pas sans fondement, il faut convenir qu'elle avance tous les biens qu'on espere quand ils doivent arriver, & qu'elle adoucit tous les maux presens quand on en peut esperer la fin, au lieu que la crainte les prévient & les haste. Ce que vous dites,

DE L'ESPERANCE.

Madame, reprit Telame, a esté dit par un homme sage il y a plus de deux mille ans; car il appelloit l'esperance une joye anticipée. Je vous assure, reprit Climene en soûriant, que je ne luy ay pas dérobé cette pensée; mais il me paroist que puisque le souvenir du passé donne quelquesfois du plaisir, l'esperance de l'avenir en doit donner aussi, & qu'il faut seulement que la raison luy donne des bornes. Vostre sentiment est fort juste, Madame, reprit Telame, & l'esperance déreglée est la plus folle & la plus dangereuse chose du monde; & mille exemples du passé & du present font voir l'incertitude des esperances les mieux fondées. Alexandre qui avoit dit si galamment qu'il ne se reservoit que l'esperance, en fut trompé ; Il avoit esperé la conqueste du monde, il y estoit presque parvenu ; mais à la fin il en fut abusé ; car il est permis de conjecturer par plusieurs circonstances de l'Histoire qu'il esperoit une longue possession de ses conquestes & de sa gloire. Tout ce qui peut vray-semblablement rendre une esperance probable se trouvoit à la sienne, il estoit jeune, il estoit sain, il estoit heureux, & l'avoit toujours esté ; & s'il est permis de parler ainsi, il avoit enchaîné la victoire à son

DE L'ESPERANCE.

Char, & sa liberalité magnanime sembloit luy avoir acquis tous les cœurs. Cependant cette grande & raisonnable esperance le trompa, il perit, il meurt dans sa plus belle jeunesse, & fait voir que l'esperance doit toujours estre accompagnée d'une sage prévoyance, & d'une crainte raisonnable; qu'il ne faut jamais s'y abandonner aveuglement, & qu'il faut toujours se preparer à voir ses esperances trompées, afin de n'en estre pas surpris: Car aprés tout, poursuivit-il, l'abregé de la Sagesse consiste en ce juste mélange de l'esperance & de la crainte, & à ne regarder jamais la bonne ny la mauvaise fortune, comme devant estre eternelle, puisque l'esperance, sans prévoyance & sans crainte, est, comme je viens de le dire, un aveuglement tresblasmable. Ah! Telame, s'écria Philiste, je ne suis pas de vostre sentiment, & je ne voudrois pas d'esperance de cette espece; au contraire je veux qu'elle n'approfondisse rien, ce n'est pas à elle à raisonner, il suffit qu'elle soit fondée sur quelques apparences agreables qui me flattent, qui me persuadent, & qui me donnent mille plaisirs. Mais j'ay quelque envie, interrompit Aspasie, pour plaire à Philiste, de luy montrer des Vers qu'on me donna hier, dont le

DE L'ESPERANCE.

premier favorise ses sentimens. De grace, reprit Philiste, dites-les nous promptement ; car tout ce qui favorise l'esperance me plaist. Aspasie voyant que la Compagnie ne s'opposoit pas à Philiste, recita ces Vers.

Rien n'est si doux que l'Esperance,
Les biens qu'elle promet ne le sont pas autant,
Les plus grands quelquesfois n'en ont que l'apparence,
On les perd en les possedant.

La fortune capricieuse
Fait achepter trop cher le suprê-
me credit,
Et la crainte & l'espoir d'une
ame ambitieuse,
La font plus souffrir qu'on
ne dit.

Les vains plaisirs de la
jeunesse,
Passent avec les ans, & n'ont
point de retour;
Mais l'esprit, le sçavoir, & la
juste sagesse,
Durent jusques au dernier
jour.

Heureux

Heureux qui peut passer sa vie
Sans de trop grands plaisirs, &
sans un grand ennuy;
Qui n'a rien envié, que personne n'envie,
Et qui n'espere rien d'autruy.

Ces Vers là ont un fort beau sens, dit Climene, mais si le premier est favorable au sentiment de Philiste, la seconde Stance & le dernier Vers de la quatriéme ne le sont pas. Je vous assure, reprit Philiste, que ce dernier vers est plutost contre le peu de generosité qui se trouve en la plus part des hommes, que contre l'esperance. Mais pour bien juger qui a tort ou raison, sur le sujet de l'esperance, dit Aspasie, prions Telame de nous la définir, luy dis-je, qui sçait tout ce qu'on peut sçavoir & des morts & des vivans, & qui par une longue étude des Livres, du monde, & de luy-même, connoist tout ce qui peut-estre connu par l'esprit humain. Aspasie a raison, dit Climene, en regardant Telame, & pour guerir Philiste & Clindor de leur excessive esperance; dites-nous de grace precisément ce que c'est, ce qui la fait naistre, ce qui la conserve, comment il la faut regler. Je me joints à Climene, dit Clitandre, car la pluspart du temps l'esperance me donne plus de peine que de plaisir ; J'y consents, dit Philiste, bien resoluë toutefois d'interrompre Telame quand il plaira, & même de ne le croire pas, si ce qu'il dira ne me convient point : je me reserve le même privilege dit Clindor. Bien loin de vous l'oster, repliqua Telame, je vous l'accorde avec plaisir ; car je ne pretends pas faire des loix, je ne veux que dire mes sentimens ; Je declare d'abord que je ne suis pas de l'avis d'un Philosophe orgueilleux de l'Antiquité, qui disoit qu'il n'y avoit rien en l'Univers qui fuſt digne de la crainte ny de l'eſperance d'un homme ſage, car on peut craindre & eſperer beaucoup de choſes raiſonnablement. Mais ſelon moy l'eſperance ne doit jamais eſtre ſans un fondement vray-ſemblable, & je ſuis perſuadé qu'il faut que la connoiſſance du bien qu'on deſire la precede; qu'il faut que cette connoiſſance faſſe naître le deſir de poſſeder ce qu'on connoiſt ; & que ce deſir faſſe naiſtre l'eſperance ; mais il ne faut pas que ce deſir aveugle la raiſon, & qu'il faſſe naiſtre une eſperance, qui ſelon toutes les apparences ne peut réuſſir. Un homme ſage, pourſuivit-il, n'eſpere jamais les choses impossibles. On peut quelquefois par un premier sentiment desirer ce qu'on ne peut obtenir ; car le desir qui naist en un moment, sans que la raison s'en mesle, est naturellement un peu temeraire ; mais on ne doit jamais esperer ce qu'on desire étourdiment. Il est même certain que generalement parlant, la nature ne fait desirer que des choses possibles ; & quand il arrive qu'on en desire qui ne peuvent arriver, c'est une foiblesse de l'esprit humain seduit par l'imagination, qui luy fait croire de la possibilité où il n'y en a pas : Et ce desir universel qu'ont & qu'ont toujours eu tous les hommes en toutes les Nations, & en tous les siecles d'une seconde vie, est une espece de preuve naturelle qu'il y en a une; car un simple particulier peut quelquefois se tromper, & avoir des desirs & des esperances ridicules; mais parlant universellement, la Nature ne se trompe pas. Nous voyons tous les jours des avares desirer ardemment des richesses, & faire mille injustices pour en acquerir, mais nous ne voyons pas qu'ils desirent des Palais de diamans tout couvers d'or, au lieu d'ardoise & de plomb, parce que la possibilité doit estre le fondement de l'esperance. Il n'y a que la Poësie qui s'affranchisse quelquefois de cette regle, & les Romans bien faits conservent même toutes les apparences de cette possibilité, & de l'exacte vray-semblance. Il faut donc, poursuivit-il, éviter toutes les chimeres de l'esperance sans fondement, & que la raison s'y oppose. Les Italiens, poursuivit-il, n'ont pas tort d'avoir un Proverbe qui dit:

Guadagna assai chi vano sperar perde.

Lors qu'il s'agit de la connoissance des choses, ou d'une resolution à prendre: & l'on a dit mille fois que quiconque a de grandes esperances s'expose legerement à de grands chagrins. Cependant, interrompit Clindor, des hommes fort sages soûtiennent que sans l'esperance toute la vie est penible. Et le fameux Horace a dit en quelque endroit, que l'esperance est le partage des vivants, où les morts n'ont point de part. Je croy ce que vous dites, reprit Climene; mais j'ay lû depuis peu dans trois ou quatre endroits de cette belle Paraphrase de la Sagesse, que nous a laissé la plus admirable personne de mon sexe, que les trop grandes esperances sont ordinairement suivies de grandes douleurs. Vous pretendez donc, dit Philiste, bannir l'esperance du du monde. Nullement, dit Telame, & quand j'aurois esté de cette orgueilleuse secte, qui ne vouloit point du tout d'esperance, je n'aurois pas suivy ce sentiment là, comme je l'ay déja dit, & je me serois rangé à celuy des autres qui n'avoient pas cette austerité. Je ne suis pas même de l'advis de ceux qui veulent que les bestes ne puissent esperer ; car on voit mille occasions qui font connoître que les bestes même esperent les choses qui sont dans l'estenduë de leur connoissance. Il n'y a rien de si vray, dit Philiste, & j'ay un petit chien qui m'aime fort, & que j'aime beaucoup, qui ne manque jamais à l'heure que j'ay accoûtumé de revenir de la promenade, ou de faire des visites, de sortir d'une petite maison bien propre, où il a dormy tout le jour pour m'attendre à la porte de ma chambre, & s'il n'esperoit pas il ne m'attendroit point : de grace, ajoûta-t-elle, en regardant Telame en souriant, permettez-moy d'esperer aussi bien qu'à mon chien. Je ne vous ay pas dit, Madame, repliqua-t'il, qu'il ne faut pas esperer, mais seulement qu'il faut regler ses esperances, & ne s'y assurer jamais trop, sans substituer pourtant la crainte excessive à sa place. Vous faites bien, dit Clitandre, de dire excessive, car il est certain que la crainte doit toûjours suivre l'esperance. L'incertitude, qui est ordinairement une marque de foiblesse dans l'esprit humain, lors qu'il s'agit de la connoissance des choses, doit estre la compagne inséparable de l'esperance dans l'esprit d'un homme sage, & par consequent il doit craindre, & il est même difficile de ne craindre pas autant qu'on espere. Il faut remarquer, dit Telame, que les jeunes gens esperent plus facilement que les autres, au lieu qu'un homme de bon sens avancé en âge profite de l'experience qu'il a, & se souvenant que l'esperance l'a trompé mille fois en sa jeunesse, il n'espere plus legerement. Pour moy, dit Philiste, qui n'ay pas assez vêcu pour avoir eu tant d'esperances trompeuses, je m'y abandonne avec plaisir. J'en fais autant, dit Clindor, & je m'en trouve bien. Je croy pourtant, repliqua Telame, que si je l'entreprenois je ferois voir à la belle Philiste, & à vous, que l'esperance vous a trompez mille fois sans vous en appercevoir, parce que ce n'a pas esté en chose de consequence ; & si vous vous observez, vous connoîtrez qu'à parler en general l'esperance de tous les plaisirs trompe ; car pour l'ordinaire elle les montre à l'imagination beaucoup plus grands qu'ils ne sont, parce qu'elle ne les fait voir que du costé qu'ils plaisent, & qu'elle en cache tout ce qui en diminuë l'agrément. Comme je suis sincere, dit Philiste en riant, j'avoüe que j'ay esté assez souvent de quelques parties de plaisir qui m'en ont moins donné que je n'en avois attendu. Pour imiter vostre sincerité, dit Clindor, j'avoüe aussi qu'en voyageant je devins amoureux en un lieu où je devois estre trois mois; je ne m'en deffendis pas; & comme j'espere aisément, & que de toutes les passions l'Amour est celle qui fait le plûtost naître l'Esperance, je desiré ardemment d'estre aimé, je l'esperé de même, & je me figuré mille & mille plaisirs si j'avois seulement la liberté de parler tant qu'il me plairoit à celle que j'aimois. Cependant soit que la facilité que je trouvé à en estre regardé favorablement, ou qu'elle eust moins de charmes que je n'avois crû, ou que la pensée que j'eus qu'elle me souffroit plus par foiblesse que par estime diminuast ma satisfaction, je suis obligé d'avoüer que tous ces plaisirs inexprimables que je m'estois figurez s'évanoüirent, & que je m'ennuyé quelquesfois avec la même personne que j'avois crû devoir toujours faire ma felicité parfaite. Il en est de même de tous les plaisirs en general, dit Telame, & l'esperance en les promettant ne montre que des illusions. Je confesse à mon tour, dit Clitandre, qu'avant que d'estre venu à la Cour, dans le commencement de ma vie, l'ennuy que la Province donne d'ordinaire à tous les jeunes gens qui en ont entendu parler à leurs peres, qui n'y ont fait que passer me trompa un peu; car je me figuray une foule de plaisirs sans nul mélange de chagrin, & mon imagination me donnant l'idée d'une Cour magnifique, dont le plus grand Roy du monde fait le plus grand ornement, j'en fus enchanté; j'admirois un lieu où tous les plaisirs se trouvent, où l'on ne voit que de superbes Palais, où tout le monde a de la politesse, ou en veut avoir, où les Dames ont l'art d'ajoûter beaucoup à la beauté par l'air galant, la bonne grace, & l'art de s'habiller avantageusement. Je me flattois aussi du plaisir de sçavoir des nouvelles de toutes les parties du monde; de la liberté qu'on a de joüer & de perdre son argent noblement. Je m'imaginois encor mille plaisirs par les Opera, les Comedies, les Musiques; les

DE L'ESPERANCE. 33

promenades; en un mot par l'idée qu'on se fait soy-même, que tout ce qui fait les plaisirs d'un honneste homme se rencontre à la Cour. Mon imagination me fit voir même que c'estoit le seul lieu où le merite pût trouver sa recompense, & qu'il ne servoit presque de rien dans une Province d'avoir de l'esprit & d'estre brave; & qu'enfin les plaisirs & la fortune ne se pouvoient trouver que là. Je desiré donc de venir où je suis, & l'esperance s'empara d'abord de mon cœur, mais non pas si fortement que la crainte ne s'y meslast avant même que d'y estre; quoy que pour y estre plûtost je vinsse en poste à Paris, où je devois faire mon équipage à loisir. Mais dés que je commençay de joüir de ce que j'avois tant desiré & esperé, la crainte, comme je l'ay dit, commença de s'y mesler. Je craignis d'avoir l'air & l'accent de ma Province, j'écoûtois & n'osois parler; je regardois sans juger de rien; je craignois d'estre un bel esprit empressé, & de ne pouvoir prendre cet air que je voyois aux gens de la Cour, & qui ne s'apprend pas comme on apprend la Musique, & la crainte enfin troubla mes premiers plaisirs. Oüy, dit Telame en l'interrompant, mais c'est à cette sage crainte que

De l'Esperance.

vous devez une partie de vôtre merite; car si vous fussiez venu à la Cour avec l'esperance d'un étourdy, qui croit aporter de son païs tout ce qui ne s'apprend que par le bel usage du monde, & du monde choisi, vous ne seriez pas ce que vous estes. Je serois peut-estre plus heureux, repliqua Clitandre, car j'ay éprouvé que si l'on ne porte son bonheur avec soy-même, on ne le trouve en nulle part, & qu'on est malheureux à Paris & à la Cour comme ailleurs; & c'est proprement ce qui m'a accoûtumé à mesler la crainte à l'esperance par les revolutions que j'y ay veuës; de sorte que je ne puis plus joüir de cette esperance trompeuse & tranquile qui charme l'aimable Philiste. Vous avez raison Clitandre, reprit Telame, car toute la vie de la Cour n'est qu'esperance, & c'est là proprement qu'on meurt toûjours en esperant; & dans toutes les Cours où j'ay esté, j'ay vû des Courtisans remplis de vaines esperances, qui dans la suite leur sont devenuës de veritables chagrins. En effet j'ay vû de ces Courtisans là esperer des Charges sans nulle apparence d'y parvenir, & sans nulle capacité pour les exercer s'ils y estoient parvenus. J'en ay vû s'accabler par une grande dépense, sans nulle ressource que des esperances chimeriques, fondées les unes sur le jeu, les autres sur des mariages, sur des graces extraordinaires des Princes qu'ils ne meritoient pas, & que même ils n'osoient demander. J'en ay vû même esperer diverses choses sans nul fondement que l'instabilité ordinaire de la Cour, & j'en ay vû en dernier lieu fonder toutes leurs esperances sur des Horoscopes qui leur promettoient de grandes fortunes, ce qui est sans doute la plus folle de toutes les esperances; & je me suis étonné mille fois qu'on ait pû voir tant de gens se laisser abuser par une science où le seul cas fortuit fait rencontrer avec assez de justesse, & qui manque presque toujours. Tout ce que dit Telame, reprit Clitandre, m'a passé mille fois dans l'esprit aussi bien qu'à luy, & c'est pour cela que je ne puis plus joüir, comme je viens de le dire, de tous les charmes de cette esperance tranquile dont Philiste est enchantée. Dites plûtost, reprit-elle, que vous ne pouvez plus joüir des plaisirs & du repos qu'elle me donne : Car enfin elle me suit par tout, quand je me porte bien j'espere que je ne seray jamais malade, & quand je suis malade je me persuade que je seray bientost en santé, & que ce sera le dernier mal de ma vie ; & puis qu'il faut de neceffité craindre ou efperer, je prends le party le plus agreable. Ajoûtez, dit Clindor, le plus neceffaire, & même le plus inévitable, car l'efperance & la crainte font deux mouvemens dont la volonté n'eft pas la maîtreffe; on les peut cacher, mais on ne les change pas; quand on eft nay pour craindre on craint, & pour efperer tout de même. Je conviens, dit Telame, qu'il y a un premier mouvement de crainte ou d'efperance qu'on ne peut retenir, mais la raifon en peut corriger l'excés, & la longue habitude qu'on prend de s'oppofer à ces deux mouvemens qui nous trompent fi fouvent, fait qu'on ne les sent presque plus ; car si l'esperance fait des illusions, la crainte en fait aussi, & je suis assuré qu'Aspasie & Clitandre, qui passent toute leur vie entre la crainte & l'esperance, ont apprehendé mille choses qui ne leur pouvoient jamais arriver, comme ils en ont esperé qui ne leur arriveront jamais. Il vaudroit donc bien mieux ne mesler pas la crainte à l'esperance, dit Clindor. Je vous avouë, reprit Telame, que ces deux mouvemens excessifs causent mille maux dans le monde. En mon particulier, dit Philiste, je connois une femme qui accable tous ceux qu'elle voit ; parce qu'elle n'espere n'espere jamais rien, & qu'elle craint toutes choses. Dés qu'elle a la migraine elle croit qu'elle mourra : si elle plaide, elle croit aussi qu'elle perdra son procés ; si elle entend le moindre bruit la nuit quand elle s'éveille, elle se figure que c'est un esprit, elle croit qu'on prend le rhume comme la petite verole, & fuit tous les enrhumez. Le Tonnerre la trouble à tel point, qu'elle ne sçait plus ce qu'elle fait, & quoy qu'ordinairement elle ne soit pas trop devote, le premier éclair luy donne une devotion tremblante, qui divertit ceux qui la voyent, car dés que l'orage est cessé la devotion s'en va; Et j'en connois en-

Tome I. D

core une autre, ajoûta-t'elle, qui craint la médisance comme si elle pouvoit la rendre coupable des choses dont on la pourroit accuser. Elle apprehende presque également d'estre trompée par ses amis, & par ses ennemis, & craint aussi, à mon avis, de se tromper elle-même. Pour cette derniere crainte, reprit Telame, elle n'est pas aussi déraisonnable que vous le croyez, car en cas d'esperance, il ne faut non seulement jamais esperer trop fortement ce qui dépend d'autruy, mais encore ce qui ne dépend que de nous-même, parce que qui presume trop de soy s'abuse ordinairement. Croyez-moy, dit Clitandre, il n'y a point de regle generale à rien, & le desespoir à la guerre fait faire quelquesfois des actions aussi hardies que l'esperance; & la crainte d'estre vaincu peut assez souvent donner plus d'intrepidité que l'esperance de vaincre. J'ay si bonne opinion de vostre courage, dit Telame, que je suis persuadé que vous ne voudriez pas devoir une belle action à cette espece de desespoir; je soûtiens même hardiment qu'un homme qui a le cœur grand & l'ame ferme, qui se trouve dans un grand danger, ne doit pas s'amuser simplement à esperer d'en sortir, & qu'il faut qu'il l'affronte, & que quand même il le verroit inévitable, il s'y prepare courageusement, sans chercher le secours d'une trompeuse esperance; & l'on voit en effet que les gens simples esperent plus facilement que les autres. Je vous assure, reprit Philiste, que les simples craignent aussi facilement qu'ils esperent. Mais de grace, dit Climene, dites-moy si l'esperance est aussi ordinaire en ambition qu'en amour. Elle y est même encore plus necessaire, dit Clindor, car l'esperance est le ressort le plus universel qui fait agir heureusement dans le commerce du monde : en effet, poursuivit-il, un homme qui n'espere rien ne fait rien, ou fait toutes choses negligemment. Un Courtisan & un homme de guerre sans esperance ne font rien de tout ce qui peut conduire à la fortune, & même à la gloire ; car ils ont d'ordinaire une crainte continuelle qui les trouble, & qui les empêche de voir les choses telles qu'elles sont. Au contraire, dit Clitandre, c'est la crainte qui donne de la vigueur à l'esperance, c'est elle qui fait agir la prudence, & l'esperance qui ne craint rien fait agir étourdiment. Ce que Clitandre dit est tres-raisonnable, reprit Telame, mais il ne faut pas que cette crainte soit excessive, & à proprement parler, il faut plûtôt prévoir que craindre : En un mot, pourſuivit-il, je ne connois que la crainte de déplaire à ſes Amis, à qui je ne donne point de bornes, encore y a-t'il des occaſions où il ne faut pas craindre de les fâcher, quand il s'agit de leur donner un bon conſeil pour les empêcher de faire une faute. Quoy que je ne ſois pas ſçavant comme Telame, reprit Clindor en ſoûriant, je me ſouviens pourtant d'avoir lû quelque-part qu'un Philoſophe interrogé en quoy l'habile homme eſt different du ſot, & l'homme de bien du méchant, répondit que c'eſt *en bonnes eſperances; le ſot n'a point de reſſour-*

ce, l'habile homme espere toujours, & ne se rend qu'à l'extremité. Les Chrestiens même n'ont pas de plus grand avantage sur les méchants que de mieux esperer qu'eux ; en un mot l'esperance a fait tous les Heros, la crainte pas un. Ce que vous dites, repliqua Telame, me fait souvenir de ce que dit un jour un grand Capitaine, qui estoit aussi un fort honneste homme, *qu'à la guerre on se trompoit souvent à force de raisonner, & en croyant que l'Ennemy feroit ce qu'il devroit faire, au lieu que bien souvent il ne le faisoit pas.* Ce discours montre, ajoûta Telame, que Monsieur de Turenne ne s'abandonnoit jamais ny à la crainte, ny à l'esperance, car ce que vous raportez est de luy. Mais tout ce que vous dites, interrompit Climene, ne répond pas à la question que je vous ay faite, dites-nous donc si l'esperance est égale en amour & en ambition. Elle se trouve sans doute Madame, dit Telame, dans le cœur d'un Amant, & dans celuy d'un ambitieux, mais avec cette difference, qu'en amour l'esperance est plus forte, & pourtant plus douce qu'en ambition, où elle est plus inquiette. En Amour la passion toute seule fait naître l'esperance dans son commencement, & en suite assez souvent la jalousie ; mais en ambition c'est

la

la bonne opinion que l'ambitieux a de luy-même, qui fait naiſtre l'eſperance dans ſon cœur; s'il a de grandes qualitez, & de l'honneur, il ſe confie à ſon merite, & s'il n'a que de l'eſprit, de l'intereſt, & de l'audace, c'eſt ſon ſçavoir faire, ſa vanité & ſa fineſſe qui luy donnent de l'eſperance. Quoy qu'il en ſoit, dit Clindor, l'eſperance fait ſouvent faire à un Courtiſan ambitieux plus de choſes difficiles que l'amour n'en fait faire au plus paſſionné de tous les Amans : mais un ambitieux ſans eſperance ſe rebute beaucoup plûtoſt qu'un Amant mal-traité. Cela vient, repliqua Telame, de ce qu'à parler en general, l'Amour fait plus esperer que craindre, & l'ambition plus craindre qu'esperer. Tout ce que vous dites est plein d'esprit, dit Clindor, mais il ne me fera pas renoncer à l'esperance; elle, dis-je, qui a fait mille biens au monde : sans elle on n'auroit jamais découvert les Indes, on luy doit l'or, les perles & les diamans qui en sont venus ; & pour dire quelque chose de plus considerable, le Christianisme n'y seroit pas étably. L'esperance, si l'on peut parler ainsi, est l'Astre qui conduit tous les grands Voyageurs, à qui on doit tant de belles connoissances, elle est l'ame du commerce, qui attache toutes les Nations les

DE L'ESPERANCE. 51
unes aux autres ; car par une espece de force magique, comme l'Ayman, elle attire tous les hommes par mille motifs differents. Les uns esperent de faire leur fortune par la guerre, les autres par les sciences ; & la Chimie même qui avoit donné au fameux & illustre Prieur de Cabriere de si admirables secrets pour la Medecine, dont les effets merveilleux semblent estre au dessus de la nature, n'auroient peut-estre jamais esté trouvez, si ceux qui l'ont precedé n'avoient esperé de trouver cette fameuse pierre tant vantée, & si peu connuë. Il est vray, reprit Telame, mais cette sorte d'esperance a ruiné mille per-
E ij

sonnes. Ce n'est pas la faute de l'esperance, repliqua Clindor, c'est celle de ceux qui esperent sans jugement; car la veritable Philosophie n'apauvrit pas. L'Astronomie, ajoûta-t'il, est encore fille de l'esperance, & tant d'habiles gens qui ont passé, ou qui passent encore les nuits à observer les Astres n'auroient pas fait tant de belles découvertes, s'ils n'avoient esperé de les faire. Nous tremblerions encore, comme l'Antiquité faisoit au premier aspect des Comettes; & comme les Indiens, & même le peuple parmy les Grecs & les Romains, faisoient aux Esclypses de Lune & de Soleil; car en un mot, l'esperance de la gloire, de l'utilité, ou du plaisir, est ce qui remuë tout l'Univers. Je suis du sentiment de Clindor, repliqua Philiste, car on ne me fait pas voir bien clairement quels maux l'esperance peut causer. Vous en avez pourtant beaucoup souffert, luy dit Climene, & vous ne pouvez pas avoir oublié que vous aviez un vieux parent fort riche qui vous aimoit beaucoup, qui devoit vous faire son heritiere par son Testament, & qui mourut à quatre-vingt-dix ans sans l'avoir fait, parce que se portant bien il esperoit toujours qu'il vivroit autant que cet homme d'Angleterre, qu'on dit avoir vêcu cent trente-deux ans. Il est vray, dit Philiste, que cette esperance là m'a coûté cher, mais cela arrive rarement. Point du tout, dit Aspasie, & quelque chose d'approchant arrive tous les jours en cent manieres differentes, & la pluspart des femmes esperent cent choses sans rien craindre, qui font un grand déreglement en leur conduite. En effet, ajoûta-t'elle, ne voyons-nous pas des Coquettes d'une mediocre beauté, qui esperent pourtant qu'elles donneront une amour constante à une multitude d'Amans, quoy que la connoissance du monde doive leur avoir appris qu'à peine s'en trouve-t'il un en un siecle, & que depuis Petrarque, que vous aimez tant, nous ne voyons nulle marque publique, ny en Vers, ny en Prose, ny en Histoire, qu'il y ait eu un Amant fidelle. Cela est plaisamment exageré, dit Philiste en riant, mais je ne parle pas de ces sortes d'esperances-là, & pour vous en raporter quelques exemples à mon tour afin de marquer ma sincerité, je connois des femmes que je voy quelquesfois, qui esperent conserver leur beauté jusqu'à cent ans, & qui reglent leur conduite sur ce pied là. J'en sçay de plus blâmables que vous, dit Climene en riant, car j'en connois qui l'ont perdüe il y a long-temps, qui pensent que l'on ne s'en apperçoit pas, parce qu'elles esperent qu'on ne remarquera point je ne sçay quel fard delicat qu'elles croyent estre imperceptible, & qui les faisant paroistre plus belles pour un peu de temps quand on les voit de loin, avance l'extrême vieillesse de plus de dix ans. Je conviens, reprit Philiste, que cette esperance est ridicule, & je n'en seray jamais capable; car encore que je sois jeune, je me prepare déja à ne l'estre plus, & à trouver dans mon esprit & dans mon humeur ce que je ne pourray plus trouver dans mon taint & dans mes yeux; je veux dire l'art de plaire à mes Amis sans nulle beauté. Il eſt encore certain, dit Climene, que la pluſpart des femmes qui ont le malheur de s'engager à faire galanterie, ne s'y engageroient point ſi elles n'eſperoient pas qu'on n'en ſçaura jamais rien, & que celles qui ont la hardieſſe d'écrire des billets doux ne les écriroient point ſi elles n'eſperoient qu'ils ne feront jamais vûs. Cela eſt certain, dit Aſpaſie, & je ne comprends pas qu'une femme d'eſprit, qui doit aimer ſa reputation, puiſſe ſe faire tant d'eſperances mal fondées, quand elle écrit des lettres de cette eſpece; car enfin il faut qu'elle eſpere que ſon Amant l'aimera toujours, qu'il ſera discret, qu'il n'aura point d'amy particulier à qui il montre ce qu'elle luy écrit, qu'il sera soigneux de bien garder ses billets, que ceux qui les porteront seront exacts & fidelles, & que cet Amant les brûlera s'il se voit en danger de mourir; car pour en estre tout à fait en repos, il faut que ces Dames galantes ayent toutes ces esperances là; de sorte que de l'humeur dont je suis, quand j'aurois eu le malheur & la foiblesse d'aimer quelqu'un, la seule crainte m'auroit empêché d'écrire des lettres où il auroit falu du mystere. Ce n'est pas encore assez, ajoûta Climene, de parler des esperances dangereuses,

DE L'ESPERANCE.

& des esperances mal fondées, il faut parler aussi des esperances criminelles. Voila une terrible parole, dit Philiste, pour parler d'une chose aussi douce que l'esperance. Elle ne l'est pas encore assez, reprit Climene, pour exprimer ma pensée; car ne voyons-nous pas des gens qui ne se contentent pas d'esperer les biens qu'ils desirent, mais qui desirent & esperent les malheurs d'autruy. Vous avez raison, Madame, reprit Telame, de faire cette remarque, & les Romains qui ne firent point de loix contre le parricide, supposant qu'il n'y en pouvoit avoir, seroient bien surpris de voir de jeunes emportez, qui deſirent la mort de ceux dont ils peuvent heriter, ce qui eſt un parricide de volonté execrable. Ah! pour ces eſperances-là, s'écria Clindor, elles ſont deteſtées de tous les honneſtes gens, & je ne veux pas croire qu'il y en ait. Je vous aſſure, reprit Telame, qu'il y a de tout, & que le cœur humain eſt capable de toutes ſortes de foibleſſes. Mais ſçavez-vous bien, ajoûta-t'il en regardant Climene, que vous avez employé une expreſſion plus ſçavante que vous ne penſez, quand vous avez dit, en parlant des eſperances criminelles, qu'il y a des gens qui eſperent les malheurs d'autruy; car il ne ſeroit pas peut-

DE L'ESPERANCE. 61

estre impossible que l'aimable Celie, qui par son merite extraordinaire a si tendrement engagé vostre cœur à l'estimer, n'eût appris de son illustre mary, qui avoit beaucoup de merite & beaucoup de sçavoir que l'admirable Autheur qu'il a si bien traduit & si bien expliqué par des notes sçavantes & raisonnables, il ne seroit, dis-je, pas impossible que vostre Amie n'eût sçû que les Langues anciennes confondoient souvent le mot d'esperance & celuy de crainte, comme on le void dans cet Autheur, qui passe pour le Dieu de la Medecine; car on y trouve souvent, *qu'il y a esperance que le malade mourra;* comme *esperance qu'il guerira.* Je vous assure, repliqua Climene, que Celie ne m'a point apris cela, car sa modestie luy fait cacher beaucoup de choses qu'elle sçait. Vous vous estes donc aussi, reprit Telame en soûriant, rencontrée avec un tres-grand Poëte, qui a dit [Virgile.] sans scrupule, *Je ne pouvois pas esperer une si grande douleur;* mais nostre langue ne s'accommederoit pas de ces expressions Grecques & Romaines, & il me paroist tres-à propos de faire esperer le bien & craindre le mal; & pour faire voir que la crainte & l'esperance ont toujours esté considerées comme deux choses tres-importantes dans la morale, un autre Ancien s'est diverty dans une Comedie à reprefenter deux caracteres differens en deux perfonnages, où l'un s'appelle *bien efperant*, & l'autre *mal efperant*. Sans connoiftre l'Autheur dont vous parlez, interrompit Climene, je trouve que le monde eft cette Comedie, & qu'on la jouë tous les jours, puifqu'on ne voit rien de fi frequent que cette diverfité de temperamens pour bien ou mal efperer ; mais ce qu'il y a de plus important, c'eft que du temperamment cette diverfité paffe aux fentimens, aux refolutions, & à la pratique dans les chofes les plus capitales : & quelquesfois, ajoûta-t'elle, jusqu'à la Religion même; car je connois des Dames qui par une esperance qui bannit presques entierement la crainte de leur cœur, se persuadent qu'un grand chemin tout semé de fleurs est aussi bon qu'un autre pour la seconde vie, & j'en connois aussi d'autres qui étouffant l'esperance par une crainte excessive, pensent qu'il faut toujours vivre dans un desert tout herissé d'épines, sans nulle consolation. Et les unes & les autres, reprit Telame, sont dans l'erreur, & la raison se trouve entre ces deux extremitez; car en cas de Religion il faut un juste meslange de ces deux sentimens. Ah! Telame,

DE L'ESPERANCE.

lame, interrompit Philiste, voila des craintes & des esperances bien serieuses pour moy : Permettez-moy donc, pour me delasser un peu l'esprit, de proposer à la compagnie une petite question moins épineuse & plus divertissante, que j'entendis agiter il y a quelques jours en une compagnie de beaux esprits, où l'on parloit aussi de l'esperance, à l'occasion du choix de deux expressions dans une Stance d'une tres-belle Ode, qui n'a pas la grace de la nouveauté, mais qui sera trouvée belle tant que la Langue durera, & qui n'a pas esté imprimée, elle commence de cette sorte :

Damon avant que la vieillesse
Nous approche du monument,
Il faut mesler adroitement
Des momens de folie à des jours
de sagesse,
Croy-moy, la severe raison
Est quelquefois hors de saison ..

Ces Vers sont fort beaux, dit Climene, mais il n'y a pas d'esperance. Non, reprit Philiste, mais vous en trouverez à la penultiéme Stance que je vay vous reciter, & que l'Autheur fit pour porter celuy à qui il l'adressoit, de faire des Vers pour divertir un de leurs illustres Amis.

Chante ce que l'indifference
A de triste & de languissant,
Les plaisirs d'un amour naissant,
Par quels secrets appas la flateuse esperance,
Au milieu des plus longs tourmens
Trompe les credules Amans.

Cette Stance est tres-belle, reprit Climene, & je n'y voy pas de matiere de contestation. Je m'en vay vous la montrer, repliqua Philiste, elle consiste en ce que l'Autheur avoit fait le Vers de l'esperance de deux façons, & l'avoit donnée à choisir, car au lieu de flateuse esperance, il avoit mis,

Par quels secrets appas la cruelle Esperance,

Et il fut decidé dans la compagnie où j'estois, que flateuse est plus intelligible, mais plus ordinaire ; que l'Epithete de cruelle est un peu plus obscure, mais plus forte, & plus nouvelle. Cela est fort bien jugé, dit Clitandre: Et l'on peut encore dire, ajoûta Telame, qu'en effet en quelques occasions l'esperance est cruelle, & en d'autres flateuse. Une Dame soûtint, reprit Philiste, que l'expression de cruelle convenoit mieux aux petites occasions qu'aux grandes. Je ne suis pas de cet avis, dit Climene, & le mot de cruelle est plus juste pour les choses importantes que pour les autres; & en un mot s'il m'apartenoit de juger, je dirois que toutes les deux expressions sont tres-belles & tres-justes. C'est pourquoy, dit Telame en soûriant, je n'aime pas les trop grandes esperances, qui peuvent estre plus souvent appellées cruelles que les petites. Mais encore, dit Philiste, en parlant à Telame, permettez-vous l'esperance à un prisonnier, qui est la plus grande des occasions. Je n'entends pas, poursuivit-elle, de ces prisonniers criminels que le remords tourmente plus que la prison même, j'entends de certains prisonniers honnestes gens, dont il y a quelquesfois dans tous les siecles, & dans toutes les Cours, & qui par des malheurs honorables souffrent une longue prison; car sans l'esperance ils seroient fort à plaindre. Je consens qu'ils esperent en l'inconstance des choses du monde, reprit Telame, quand même ils n'auroient nulle autre raison d'esperer; mais je ne veux pas que cette esperance soit si forte qu'elle puisse se changer en un surcroist de douleur, si elle se trouvoit sans fondement, & en ces tristes occafions, il faut s'accommoder au prefent, fans s'affurer trop de l'avenir. Je dis la même chofe d'un difgracié qui doit encore moins s'impatienter de fon exil, qu'un prifonnier de fa prifon. Mais, interrompit Philifte, en condamnant toutes les efperances trop fortes dont vous venez de parler, n'aurez-vous pas encore l'inhumanité de vouloir qu'un homme parfaitement heureux fe faffe luy-même une efpece de malheur par la feule penfée de pouvoir ceffer d'eftre heureux. Ah ! Philifte, s'écria Climene, ces gens qui font fi heureux font d'étranges gens, s'ils ne penfent pas quelquesfois qu'il ne peut jamais eftre absolument impossible de ne passer pas de cet excés de bonheur à un excés d'infortune. Il y en a mille exemples en tous les siecles, & la bonne fortune, sans nulle reflection, est ordinairement accompagnée d'orgueil & d'injustice; c'est pourquoy il est bon que ces heureux-là pensent quelquesfois qu'ils peuvent cesser de l'estre. Climene a raison, dit Telame, & une sage prévoyance, pour ne pas dire une sage crainte, doit se trouver dans le cœur de tous les hommes. Si Alexandre & Cesar n'eussent pas eu de ces esperances qui aveuglent les plus habiles, & qu'ils eussent craint les revolutions subites, ils eussent

eussent tenu une conduite plus moderée, Alexandre envers ses amis, & Cesar envers ceux dont il vouloit estre le maistre trop absolu, & par là ils auroient évité la tragique fin qu'ils ont faite. Mais l'Empereur Adrien, ajouta Telame, témoignoit bien connoistre l'incertitude de l'Esperance, lors qu'il fit cette Epigramme qu'un de mes amis a traduite.

Fortune en tes grands exemples
Ie ne voy rien de nouveau,
Pompée esperoit des Temples,
Pompée est mort sans Tombeau.

Cela est fort bien appliqué, dit Clitandre, & ce sçavant Empereur fit bâtir un Tombeau magnifique à Pompée, qui fit plus d'honneur au vivant qu'au mort. Mais il me semble, dit Aspasie, qu'en parlant des femmes qui esperent tout sans rien craindre, nous n'avons pas parlé de celles qui esperent retenir leurs Amants par des faveurs, & les engager à les épouser. Ah! pour celles-là, dit Climene, elles ont grand tort, & les rigueurs font plus de maris que les faveurs. Mais les médisants, dit Clitandre, qui ne craignent jamais qu'on leur rende calomnie pour calomnie, ne déchireroient pas autant le genre humain qu'ils font, sans l'esperance ridicule qu'ils ont qu'ils se sont rendus si redoutables, qu'on n'ose-

DE L'ESPERANCE. 75

roit leur rendre mal pour mal, & la confiance qu'ils ont en leur propre malignité fait qu'ils ne respectent rien, qu'ils attaquent la vertu mesme jusqu'au pied des Autels. On peut même ajouter, dit Telame, sans presque tous les grands criminels ne le seroient point, que l'esperance qu'ils ont euë de pouvoir cacher leurs crimes. Me voila bien attrapée, dit Philiste, de trouver parmy mes amis de si grands ennemis de l'esperance ; car de la façon dont vous parlez tous, ajouta-t'elle, je pense que vous ne me voulez permettre que l'esperance d'une seconde vie. Ah! ma chere Philiste, reprit Climene, quand on espere un aussi

G ij

grand nombre de petites choses, & aussi divertissantes que celles dont vostre cœur est remply, on ne s'arreste pas trop à celle-là à l'âge que vous avez, quoy qu'elle soit la plus importante qu'on puisse avoir, & que l'incertitude de la vie doive la rendre familiere dés qu'on a de la raison. Je vous assure, dit Philiste, que malgré toutes ces petites esperances que vous me reprochez, celle-là est solidement dans mon cœur; mais j'avouë de bonne foy que je sens bien que dans dix ans d'icy j'y penseray plus souvent; Car enfin comme cette esperance ne peut pas estre sans crainte, je n'y pense pas toujours, & il faut, s'il vous plaist, me laisser toutes ces agreables & innocentes esperances dont je ne me sçaurois passer. Je suis même contrainte d'avoüer, ajouta-t'elle en riant, que de tous les vers qu'on a faits pour moy, j'ay esté plus touchée d'un couplet de Chanson, qui parle d'esperance, que de tous les autres, en voila la fin.

L'Esperance est un bien si doux,
Helas pourquoy me l'ostez-vous?

Tout de bon, poursuivit-elle, ces deux vers esbranlerent plus ma rigueur, si l'on peut parler ainsi, que les soûpirs, les larmes, les fers, & les chaînes

G iij

dont les vers de galanterie sont ordinairement remplis. J'admire, dit Climene, qu'on puisse avoir des sentimens si differents, car j'ay une amie tres-raisonnable qui s'est presque trouvé offensée de deux couplets de Chanson, quoyque faits en badinant, les voicy.

CHANSON.

Rien n'est égal au plaisir de vous voir
Mon cœur est tout prest de se rendre ;

Mais belle Iris il faut un peu d'espoir,
Si vos beaux yeux le veulent prendre.

Si l'on n'esperoit pas un jour
De ses tourmens la recompense,
On n'auroit point de veritable
amour,
On n'aime pas sans Esperance.

Vostre Amie avoit raison de se fâcher, reprit Philiste, & je m'en serois fâchée comme elle, car un Amant qui veut capituler est un audacieux qu'il faut bannir ; mais pour mon petit couplet, ajouta-t'elle en soûriant, qui finit par

L'Esperance est un bien si
doux,
Helas pourquoy me l'ostez-
vous?

Je vous assure qu'il a un caractere tendre & respectueux qui merite qu'on me loüe de ma rigueur pour celuy qui l'avoit fait. Vous dites cela si joliment, dit Climene, que je suis d'avis que nous vous donnions la permission d'esperer tout ce qu'il vous plaira, excepté de trouver un Amant fidelle. Clitandre & Clindor, quoy que de sentimens differents, s'opposerent à Climene, mais pour Telame il avoüa qu'il n'y en avoit guere, n'osant dire qu'il n'y en avoit point. Mais ne peut-on pas esperer du moins de trouver un amy à toute épreuve, & une amie sincere & constante, dit Philiste : Ah ! ma chere Philiste, interrompit Climene, cette question nous meneroit trop loin, il est trop tard pour l'entreprendre, nous en parlerons un autre jour ; mais encore faudroit-il nous dire, reprit Philiste, comment il faut esperer pour esperer raisonnablement ; je me joints à la belle Philiste, reprit Clindor : il faut, répondit Climene, si j'ay bien retenu ce que Telame nous a dit, n'esperer rien trop fortement, mesler toujours une sage crainte aux plus fortes esperances, & se preparer à les voir toutes manquer sans estre ni surpris ni fort affligé ; & regarder toutes les esperances frivoles sans nul fondemét comme des songes de gens éveillez, avec cette difference qu'il est permis de songer toutes les extravagances du monde, & point du tout d'esperer folement. Mais, interrompit Telame en soûriant, le même qui a fait les deux Stances de la cruelle ou flateuse esperance, fit ensuite une Ode Chrestienne qui decide cette question contre tout ce que nous sommes. De grace, reprit Philiste, dites-nous cét endroit là ; car puisque je ne puis gagner pleinement ma cause, ce me sera quelque consolation que Climene & vous perdiez la vostre aussi bien que moy. Je veux bien vous obeïr, reprit Telame, & vous allez voir vostre condamnation ; car aprés que l'Autheur a parlé

DE L'ESPERANCE. 83
magnifiquement de la puissance de Dieu, il dit,

L'impenetrable obscurité
Dont il couvre l'ordre arresté
Des peines & des recompenses
De nos biens & de nos souf-
frances
Condamne de temerité,
Nos craintes & nos esperances.

Ah! Telame, s'écria Climene, je me rends à cette decision que je trouve tres-juste & d'un sens fort noble. Tout ce que vous dites est tres-beau, Madame, reprit Clindor, mais comme l'esperance est un sentiment naturel, elle durera autant que le monde, & se trouvera dans le cœur de tous les hommes selon leur temperamment & l'estenduë de leur esprit. Dans ce moment là Philiste se leva en chantant admirablement bien le couplet de Chanson, dont elle avoit parlé, repetant plusieurs fois en se promenant avec toute la compagnie.

L'Esperance est un bien si doux,
Helas pourquoy me l'ostez-vous.

DE L'ENVIE.

COMME la peinture avoit esté une des plus fortes passions de Timagene dans le commencement de sa vie, il ne pouvoit voir de Tableaux sans s'y arrester, sçachant même assez bien peindre pour un homme de qualité. Il fit donc une partie avec trois Dames de grande beauté, & de beaucoup de merite, & deux de ses Amis pour aller voir dans une fort belle maison, un grand nombre de tres-beaux Tableaux rangez avec ordre, & exposez en leur jour pour ceux qui les voudroient achetter. Cete aimable compagnie regarda d'abord avec plaisir tous ces rares Tableaux, dont Timagene connut aussi-tost les manieres, sans avoir besoin de s'informer s'ils estoint de Raphaël, du Carache, du Tintoret, de Paul Veronese, du Titian, du Poussin, du Brun, ou de Mignard ; car comme il connoissoit également les ouvrages des Peintres anciens & modernes, & distinguoit finement les plus belles copies des originaux, la belle Artelice, qui sçavoit assez bien dessiner, prenoit beaucoup de plaisir d'entendre Timagene. Cleante qui avoit en son particulier un cabinet de peintures, n'y en prenoit pas moins. Mais pour Ericlée, quoy qu'elle eût beaucoup d'esprit, elle avoüoit ingenument qu'elle ne se connoissoit qu'à la ressemblance des Portraits, & ne jugeoit de leur bonté que par là seulement. Pour moy, dit Melanire, sans rien sçavoir en ce bel Art, on m'assure que je m'y connois assez bien ; car je prends pour unique regle de ma connoissance, qu'en cas de Tableaux ceux où l'on voit que l'imitation de la nature est a plus parfaite, ne peuvent manquer d'estre bons. Mais avec aussi peu de sçavoir, ajoûta-t'elle, que j'en ay, je n'entreprendray pas de juger finement entre deux beaux Tableaux, je craindrois de m'y tromper; mais je crois estre asfurée de ne loüer jamais ce qui sera mauvais, & qu'on ne me verra pas blâmer ce qui sera excellent. En mon particulier, dit Ericlée, je cherche la ressemblance aux portraits, comme je l'ay déja dit, & de belles couleurs bien vives à tous les autres tableaux. Ah! ma chere Ericlée, reprit Melanire, vous ne pouviez rien dire qui marquât mieux voltre peu de connoissance en peinture, & je ne sçay pourquoy vous avez voulu

voulu estre de cette partie.
C'est, reprit-elle agreablement en soûriant, pour essayer de me corriger de mon ignorance, & même pour vous divertir par les bizarres jugemens que vous m'entendrez faire; Mais pour vous découvrir toute l'ignorance dont je fais profession, c'est que n'ayant jamais pû trouver beaucoup de plaisir à me remplir la memoire de ce qu'on appelle Fable; je ne connois rien à tous les tableaux dont le sujet est pris de là, & excepté quelques-unes que j'ay apprises aux Opera & aux Comedies, comme Phaëton, Circé, Pyrame, & Thisbé, je n'y entends presque rien, & je serois forcée de

demander ce que c'eſt. De grace, reprit Artelice, dites-nous ſi vous vous connoiſſez mieux en Hiſtoire, car il y a autant de ſujets de tableaux prix de l'une que de l'autre. Je connois fort bien Alexandre, repliqua Ericlée, car le fameux le Brun en a fait un Tableau, que tous les connoiſſeurs diſent eſtre admirable, où l'on voit la mere de Darius à ſes pieds, accompagnée de pluſieurs Princeſſes; & je viens de connoître Didon qui ſe tuë ſur ſon bucher, qu'une belle Traduction de Virgile en Vers, faite par Segrais, m'a fait connoître: Mais aprés cela, continua t'elle en riant, ne m'en demandez pas davantage. Je suis pourtant un peu plus sçavante en Tableaux de devotion, poursuivit-elle, car ma mere en a un grand cabinet tout remply, & je discerne fort bien la Madeleine d'avec sainte Catherine; mais cela ne fait pas que je connoisse si ces Tableaux sont bien ou mal peints; & pour vous parler sinceremét, je ne m'occupe qu'à connoître le monde vivant, & je laisse & la Fable & l'Histoire pour les Sçavans, qui veulent apprendre à vivre parmy les morts. Mais, reprit Melanire, si on ne sçait un peu la Fable on ne peut pas prendre plaisir à la pluspart des beaux Vers en toutes langues; & vous ne pouvez donc comprendre un endroit de Malherbe si delicatement exprimé, que je vais vous reciter.

Telle n'est point la Cytherée
    Quand d'un nouveau feu s'allumant,
Elle sort pompeuse & parée
Pour la conqueste d'un Amant;
Telle ne luït en sa carriere,
Des mois l'inégale courriere,
Et telle dessus l'orison
L'Aurore au matin ne s'estale,
Quand les yeux mesme de Cephale
En feroient la comparaison.

En effet, ajoûta Melanire, quiconque n'aura pas apris par la Fable que Cephale estoit fort amoureux, ne trouvera rien en cet endroit qui luy plaise, ni en mille autres. L'Histoire ancienne, reprit Timagene, a besoin qu'on soit instruit de la Fable pour estre entenduë, & ce sçavant Academicien des Ricourati de Padouë, qui est presentement un des premiers hommes du monde pour la connoissance des Medailles, n'y entendroit souvent rien, s'il ne sçavoit pas la Fable aussi bien que l'Histoire ; car un grand nombre de Medailles ont des revers que l'on n'entendroit pas, si on ne connoissoit tous les Dieux, toutes les Deesses de l'Antiquité payenne, & tous les Temples qu'on leur avoit dédiez. Cette

connoiffance eſt encore ne-
neceſſaire pour connoître les
belles Statuës, auſſi bien que
les Medailles, comme on le
vient de voir par la ſçavante
conteſtation qui s'eſt faite
pour decider ſi cette belle Statuë que la ville d'Arles a donnée au Roy eſt une Venus, ou
une Diane. Mais toute ignorante que je ſuis en Fable, &
en Deeſſes de l'Antiquité, reprit plaiſamment Ericlée, il
me ſemble que ces deux Deeſſes ne devoient pas ſe reſſem-
bler, & qu'elles devroient eſtre
auſſi differentes l'une de l'autre, qu'une Veſtale l'eſt d'une
Courtiſane de ce temps-là.
Ah! ma chere Ericlée, dit Melanire, voſtre pretenduë ignorance

rance est une affectation. Point du tout, repliqua-t'elle, car j'ay apris à connoître ce que c'est qu'une Vestale par un Tableau que l'illustre Theodamas avoit à son agreable maison de Carisatis, parce que l'incomparable Artenice, qui estoit l'ornement de son sexe & de son siecle, en beauté, en merite, & en vertu, luy avoit donné pour devise d'amitié, une Vestale qui gardoit le feu sacré, avec un mot Latin qu'on m'a dit qui signifie *Je le conserve* ; & cela estoit d'autant p'us beau, qu'Artenice contoit parmy ses predecesseurs des Romains fort Illustres dés le temps de la Republique. Cela est bien

coloré, dit Timagene; mais qui vous a dit qu'il y avoit des Courtisanes dans ce vieux temps-là. Je l'ay sceu, dit-elle, dans un des volumes des Conversations nouvelles, où j'ay leu que le sage Socrate avoit esté une fois chez une femme de cette espece par curiosité, pour essayer de luy faire changer de vie. Croyez-moy, reprit Timagene, vous avez trop d'esprit pour estre aussi ignorante que vous le dites, & je veux vous en convaincre en vous montrant des peintures qui sont icy. En disant cela, il l'obligea de regarder un Tableau où la Fable de Narcisse estoit representée. Voyez, dit Timagene à Ericlée, si vous
connoîtrez

connoîtrez ce que represente cet admirable paysage, où l'on voit un tres-beau garçon qui se regarde dans un ruisseau si tranquile, que vous y discernez son image fort distinctement ; & vous pouvez même remarquer qu'il la regarde avec tant d'affection, & avec un air si charmant & si amoureux, qu'il semble qu'il la veüille embrasser. Vous pouvez voir aussi, poursuivit-il, sur le derriere du tableau, entre des rochers environnez d'arbres, une figure de femme qui tend l'oreille, comme si elle attendoit que ce beau garçon parlât pour luy répondre ; mais avec un visage si maigre, si triste, & si décharné, qu'on a beaucoup de peine à connoître qu'elle ait eu de la beauté. Je ne m'arreſte point, ajoûta Timagene, à vous faire remarquer que ce payſage eſt merveilleux, ſans avoir de ces couleurs vives que vous aimez tant; mais je vous demande ſeulement, ſi le deſſein du Tableau eſt de l'Hiſtoire ou de la Fable. Je vous ay déja dit, repliqua-t'elle en riant, que je ſçay tout ce que j'ay vû en Opera ; de ſorte qu'ayant entendu chanter un Echo admirable aux Italiens, je voy bien que ce beau garçon eſt Narciſſe, & que cette figure de femme ſi maigre & ſi hideuſe, eſt une Nymphe dont on ſuppoſe qu'il eſtoit aimé,

& qu'il avoit méprisée. A ce que je voy, dit Polemon, la belle Ericlée est tout le contraire de celuy qui sçavoit toutes choses, & qui se trouva ne sçavoir rien ; car elle dit ne rien sçavoir, & il se trouvera qu'elle sçait tout ce qu'elle feint d'ignorer. Timagene faisant alors passer la compagnie dans un autre lieu, il montra à Ericlée un Tableau de la décente d'Orphée aux Enfers, qu'elle soûtint ne connoître que pour l'avoir veuë en un Balet. En suite Timagene luy montra Atalante qui jettoit des pommes d'or, mais elle feignit de l'ignorer. Pour le Jugement de Pâris, qu'on luy fit voir, elle avoüa le connoître ; mais elle critiqua cette invention fort plaisamment, & prit de là occasion de dire, que la Fable ne mettoit devant les yeux que des folies, & qu'elle n'avoit jamais pû comprendre toutes les belles moralitez que des gens d'esprit disoient qu'elles contenoit. J'en excepte pourtant, ajoûta-t'elle fort agreablement, les Fables d'Esope, dont je prefere les inventions à toutes les autres Fables ; car en un mot son Loup qui voit des Bergers qui mangent un Mouton, & qui leur dit, que ne diriez-vous point si je faisois ce que vous faites, a un tres-bon sens. Et son Rat de Village qui se tient plus heureux qu'un

Rat de Ville, est encore une morale fort juste. Mais pour vos trois Déesses plus effrontées que la Courtisanne que Socrate fut voir, quelle utilité peut-on tirer de cette Fable ? Elle apprend aux Dames en general, reprit Melanire, que le trop grand desir de passer pour belles les peut faire renoncer à toute la modestie de leur sexe, & que la grande beauté met la constance des hommes à une dangereuse épreuve, puisqu'elle rend Pâris inconstant. Cela est fort bien dit, reprit Timagene, & puis, les Fables qui representent les vices ne laissent pas d'avoir un bon sens ; car en representant la foiblesse hu-

I iij

maine, elles en inspirent l'horreur. Quoy qu'il en soit, dit Ericlée, si je voulois sçavoir quelque chose, j'aimerois mieux sçavoir l'Histoire que la Fable. Mais l'Histoire, reprit Melanire, apprend une chose qui me fait trembler, c'est qu'en toute l'estenduë des siecles, on voit plus de vices que de vertus; & je n'ay jamais pû lire la vie des douze premiers Cesars que je trouvay à la campagne chez une de mes Amies, & le mal est qu'on ne voit pas toujours dans l'Histoire, comme dans la Fable, & les Romans bien-faits, ou dans les Comedies regulieres, le vice puni, & la vertu recompensée. Ce que vous dites est veritable, reprit Polemon, mais on peut dire en faveur de l'Histoire, qu'il paroist que puisque l'homme est citoyen du monde, si on peut parler ainsi, il est honneste qu'il sçache qui sont ceux qui l'ont habité avant luy. Il est vray, dit Ericlée, mais il me paroît qu'on le sçait si douteusement, que j'aime presqu'autant n'en rien sçavoir, ou n'en sçavoir guere. Et puisque j'ay entendu dire à un de mes Amis fort sçavant, que sept Villes ont disputé à qui seroit honorée de la naissance d'un grand Poëte, que mon ignorance ne me permet pas de nommer : On peut juger de là, de combien de choses douteuses l'Histoire est composée, & si en pensant remplir son esprit de veritez, on ne le remplit pas souvent de mensonges. Cela est fort bien appliqué pour une belle ignorante, reprit Timagene en riant, qui n'ose nommer Homere, & vous parleriez encore plus fortement, si on vous disoit qu'on ne peut decider avec certitude de quelle maniere mourut Calistene; car les propres Courtisans d'Alexandre, qui le fit mourir, en parlent si diversement, qu'on peut prendre telle opinion qu'on veut là-dessus, quoy que la plus generale soit qu'il mourut d'une mort violente & fort cruelle, & il faut convenir sincerement qu'on ne trouve pas toujours la vérité exacte dans le détail des évenemens, ni de l'Histoire ancienne, ni de la moderne: de sorte qu'il faut la regarder comme on regarde une Carte universelle du monde, qui vous fait du moins voir la juste scituation de ses principales parties, les diverses Mers, les grands Fleuves, les bornes des Empires, des Royaumes, des Provinces, & les Villes principales, & qui vous cache ce qui fait pourtant la plus grande étenduë de l'Univers. Mais cependant ce grand & vaste objet de toute la terre ne laisse pas d'instruire & de plaire. Il en est de même de l'Histoire, & quand on s'y veut appliquer, il est fort agreable de se remplir l'esprit de cette vicissitude continuelle qui a fondé & détruit tant d'Empires differens, dont on ne connoît plus que le nom; tant basti de fameuses Villes dont il ne reste que le doute du lieu où elles estoient scituées; tant de belles inventions perduës, & tant d'autres nouvellement trouvées. La naissance & la perfection de tous les Arts, & de toutes les Sciences, l'enfance de la Philosophie, s'il faut ainsi dire, & tous les changemens qui y sont arrivez: Tant de Dieux, de Deesses, & de fausses Religions renversées pour honorer le triomphe de la veritable; en un mot ce nombre innombrable de choses passées que l'Histoire montre à un esprit bien-fait, l'instruit en le divertissant. Vous voyez donc bien, dit Ericlée, que j'ay raison de dire que si je voulois sçavoir quelque chose je prefererois l'Histoire à la Fable. Personne ne vous disputera cela, repliqua Timagene, mais la belle Melanire & moy vous disons que la connoissance de la Fable est necessaire à celle de l'Histoire, & que la plufpart des beaux Vers, comme on l'a déja dit, demandent qu'on la sçache pour les bien entendre, & pour les loüer justement : Et puis, poursuivit-il, j'ay encore à vous dire, que la plufpart des Fables ont un fondement historique, que l'opinon des peuples a changées, & que ceux qui ont travaillé en suite ont ajustées à leur dessein. Mais permettez-moy, ajoûta-t'il en donnant la main à Ericlée, de vous montrer encore un Tableau qui vous fera peut-estre comprendre que la Fable n'est pas ennemie de la morale, & qu'elle a des objets d'horreur qui peuvent contribuer à faire aimer la vertu. En disant cela Timagene fit entrer Ericlée, suivie de toute la compagnie, dans un cabinet fort propre & fort bien meublé, qui donnoit sur un beau Jardin, & luy montra un grand Tableau dont l'ordonnance estoit tres-belle, où le jour & l'ombre estoient admirablement bien placez, & qui eſtoit parfait en ſa maniere. Cependant dés qu'Ericlée eut jetté les yeux ſur ce Tableau, elle fit un grand cry, & regardant Timagene, ah! pour ce Tableau-là, luy dit-elle, on ne peut pas douter que le ſujet ne ſoit pris de la Fable, car la Nature n'a jamais fait de femme qui ait eu de couleuvres à la teſte au lieu de cheveux, ni un air ſi malin, ſi triſte, ſi have, ni ſi affreux, que la figure que je voy à l'entrée d'une caverne. Haſtez-vous donc, pourſuivit-elle, de m'expliquer cette peinture. Pour moy, dit Melanire, je croy connoître que c'eſt une Fable des Metamorphoſes d'Ovide; & Pallas qui parle à cette terrible personne me le fait juger. La belle Melanire a raison, dit Timagene à Ericlée, l'Envie, que represente cette terrible figure, estoit parmy les anciens une Deesse pleine de malignité, à qui ils rendoient des honneurs pour se garantir de sa fureur, ou pour l'employer à leur vengeance. Virgile la met entre les domestiques de Pluton; & Ovide la peint comme on la voit dans ce Tableau. Vous voyez derriere elle cet Antre obscur qu'il feint qu'elle habite, où le Soleil n'entre jamais, où il dit qu'il fait toujours froid, estant remply d'un broüillard épais. Vous entre-voyez pourtant ajoûta-t'il, plusieurs viperes à demy mangées, dont on dit que l'envie fait sa nourriture ordinaire, Vous voyez encore que l'envie est pasle, qu'elle a les yeux enfoncez, & le regard de travers, & l'on juge assez à sa mine qu'Ovide a raison de supposer qu'elle ne soûrit jamais, si ce n'est des malheurs d'autruy ; qu'elle ne dort point, que ses dents sont toutes jaunes, & que le venin qu'elle a dans le cœur sort de sa bouche, & envenime toutes ses paroles. Vous voyez qu'outre ses cheveux en serpens noüez au haut de sa teste, elle en porte trois plus grands d'une main, & que de l'autre elle tient une hydre à sept testes. Vous voyez même qu'un autre grand serpent luy ronge le sein, & que le Peintre a fort bien fait remarquer que l'air noble de Pallas la chagrine, & que sa presence luy fait peine. Je voy tout ce que vous dites, repliqua Ericlée, & je louë fort Ovide d'avoir representé l'Envie d'une maniere si affreuse, car c'est le plus lâche de tous les vices. Adjoûtez, reprit Melanire, que c'est pourtant le plus ordinaire, & le plus difficile à connoître, & en autruy, & en soy-même, & qui cependant est la source de mille méchantes actions. Mais comme je me connois peut-estre moins mal en monde qu'en peinture, ny en

DE L'ENVIE.

en Fable, ny en Histoire, dit Ericlée, ne ferions-nous pas mieux, ne fust-ce que pour vous accommoder à mon ignorance, d'examiner l'envie en elle-même, au lieu de la representer telle qu'elle est sortie de l'imagination du Peintre & du Poëte : Je connois des envieux & des envieuses en grand nombre, & peut-estre n'y aura-t'il qu'à vous dire ce que je leur voy faire tous les jours pour vous peindre l'envie au naturel de ses plus vives couleurs. Ericlée a raison, dit Melanire, & comme il n'y a que ce seul Tableau dans ce cabinet, nous ne ferons guere interrompus par les curieux en peinture. Il me semble même, ajoûta-t'elle, que de toutes les passions l'envie est celle qu'on distingue le plus imparfaitement, comme je l'ay déja dit. Vous avez raison, Madame, repliqua Timagene : une grande partie des vices, poursuivit-il, sont quelquesfois des vertus dans leur commencement, mais pour l'ordinaire l'envie est envie dés la naissance, elle n'a même point de nom qui la déguise comme les autres mauvaises habitudes. L'avarice pour se cacher s'appelle œconomie ; le prodigue dit qu'il est liberal ; le temeraire veut passer pour vaillant, l'hypocrite pour devot, mais l'envieux ne peut colorer son vice, il faut qu'il le cache, ou qu'il le nie ; car l'honneste émulation, que de grands hommes ont appellée l'aiguillon de la vertu, & qui bien loin d'estre blâmable merite d'estre loüée, n'est pas envie. J'en conviens, dit Ericlée; mais de l'émulation excessive, il est aisé de passer à l'envie. Cela peut quelquesfois arriver, dit Polemon, mais pour l'ordinaire l'envie est toujours vice, & elle naist souvent de la propre malignité de l'envieux : l'orgueil & la presomption la font naistre quelquesfois, & cette lâche passion est si detestable, qu'on ne tombe jamais d'accord d'estre envieux, non plus que d'estre ingrat. Je pense même, dit Artelice, qu'on peut dire sans mensonge, que les envieux sont plus sujets à l'ingratitude que les autres. Vous avez raison, reprit Timagene, car un veritable envieux porte même envie à ceux qui luy font du bien. L'ambition, ajoûta-t'il, fait aussi quelquesfois naistre l'envie, comme l'amour fait naître la jalousie : mais quoy qu'elles produisent souvent des effets qui se ressemblent, elles sont pourtant fort dissemblables. En effet, dit Ericlée, c'est un excés d'amour qui fait naître la jalousie, & l'envie, comme on l'a fort justement dit, naist de la malignité de l'envieux. Un jaloux, ajoûta Melanire, peut cesser de l'estre par la connoissance qu'il aura de l'innocence de sa femme, ou de sa maîtresse; mais l'envieux ne peut cesser d'avoir de l'envie qu'en voyant perir tous ceux qui sont l'objet de cette lâche passion dans son cœur. Mais si l'envie meurt avec celuy qu'on envioit, poursuivit-il, la haine qu'elle a fait naître ne meurt pas, & l'envieux hait & ternit la memoire de ceux qu'il avoit enviez pendant leur vie; & la malignité de cette lâche passion est si grande, qu'on diroit que la mort de celuy à qui l'envieux porte envie le doit rendre immortel. Cela est fort bien examiné, dit Timagene, & c'est ce qui a fait raporter à un Autheur fort connu ce qu'a dit agreablement un ancien Pere, pour bien inspirer l'horreur de ce vice ; que si un envieux pouvoit estre en Paradis sans estre heureux, il y souffriroit plus qu'en Enfer. Cela est plaisamment, & justement exprimé, dit Ericlée, car rien n'est plus malheureux qu'un envieux. Je connois une Dame, ajoûta-t'elle, que je ne nommeray pas, dont l'envie ronge le cœur; & comme cette passion multiplie tous les objets, elle luy fait voir les plus legeres imperfections d'autruy comme d'horribles defauts, & de mediocres richesses de son prochain comme des trefors immenfes, & l'envie dans fon cœur s'attache à toutes fortes de chofes: En effet, elle porte envie à la beauté, à la danfe, à l'efprit, à la voix, & même aux habillemens de toutes celles qu'elle appelle fes Amies; mais comme elle eft affez adroite, il eft affez difficile de s'apercevoir qu'elle eft envieufe, parce qu'elle n'eft pas de ces envieufes groffieres qui blâment tout ce que les autres loüent; elle eft plus fine que cela, car elle fçait l'art d'affoiblir toutes les grandes loüanges qu'on donne en fa prefence à ceux qu'elle envie, fans s'y oppofer directement. Cela me paroift affez difficile à faire, reprit Artelice, & je ne le conçois pas bien. Elle le fait pourtant admirablement, reprit Ericlée, & il n'y a que trois jours que loüant devant elle une personne qui danse en effet aussi bien qu'on peut danser, elle dit d'un ton douteux & languissant, il est vray qu'elle danse assez bien, mais je vy une autre Dame masquée au dernier Bal où je fus, qui danse mille fois mieux. Comme je connois le fond de son cœur, poursuivit Ericlée, & que j'ay esté quelquesfois l'objet de son envie, je pris plaisir à loüer toutes sortes de gens, & elle épuisa ce jour-là toutes les ruses malignes que l'envie peut suggerer ; tantost en m'accusant sent d'estre flateuse ; une autre fois de loüer un peu trop par interest ; quelquesfois même son silence servoit à cacher ou à montrer son envie ; en un mot, sans s'opposer directement à ce que je disois, on peut dire qu'elle fit autant de Satyres que je fis d'Eloges. Je devine de qui vous voulez parler, dit Timagene, & cela est assez ordinaire, car la consolation d'un envieux, lorsqu'il ne peut faire qu'on le croye aussi homme d'honneur que celuy à qui il porte envie, est de dire du moins que celuy qu'on loüe n'est pas le seul vertueux, & que d'autres qu'il nomme, & qu'il loüe avec excés pour le rabaisser, le sont plus que luy. Pour l'envieuse dont parle Ericlée, dit Melanire, c'est une des moins malignes ; car j'en connois une autre qui sans se donner la peine de se contraindre, joint la médisance & la calomnie à l'envie, & ne fait nulle difficulté de dire qu'elle a sçû & qu'elle a vû des choses qui n'ont jamais esté. Mais ne vous semble-t'il pas, reprit Ericlée, que les veritables envieux ont une phisionomie particuliere, qui découvre le venim de leur cœur. Il y en a sans doute de cette espece, dit Timagene, & c'est ce qui a fait dire à un Philosophe de l'Antiquité, que l'envie consume l'envieux, comme la roüille le fer; mais il y en a aussi qui se déguisent admirablement. Un Poëte de la même Antiquité, reprit Polemon, a dit la même chose que le Philosophe, mais en d'autres termes. Voicy les Vers.

Puisque l'Envie au teint blesme,
Sans raison comme sans choix,
Hait tout ce que le Ciel aime,
C'est une injustice extresme ;
Elle est juste toutesfois
Se punissant elle-mesme.

Ces Vers sont fort jolis & fort justes, dit Artelice, mais

apprenez-moy où il faut borner l'émulation, dont ce me semble on a déja dit un mot en passant; car je suis contrainte d'avoüer que dans le commencement de ma vie, je n'aurois rien apris si on n'avoit loüé devant moy des personnes qui faisoient fort bien ce qu'on vouloit que j'apprisse. J'en puis dire autant, dit Polemon, & je ne croy pourtant pas estre envieux. Cela est fort aisé à distinguer, interrompit Timagene, & pour s'en éclaircir en voicy ce me semble les regles. Quand on loüe justement quelqu'un en la presence d'une personne dont le cœur est bien-fait, elle le loüe elle-même avec quelque sorte de plaisir, & sent naistre dans son cœur le desir d'égaler, même de surpasser ceux qu'elle louë; cela est noble, cela est juste, cela est loüable; mais l'envieux songe moins à égaler & à surpasser la gloire des autres, qu'à la ternir, & qu'à l'aneantir. L'émulation, poursuivit-il, parmy les honnestes gens produit le même effet, qu'ont produit tous ces jeux celebrés de l'Antiquité, comme les jeux Olimpiques, ceux de Nemée, & tant d'autres. En effet tous ceux qui pretendoient à l'honneur de remporter le prix, avoient cette noble émulation qui fait desirer de surpasser les autres; mais sans haine, sans chagrin, & sans jalousie; & pour marque de cela les plus ardents à remporter la victoire, estoient les premiers à s'aller réjoüir avec le victorieux. Cela est fort galemment apliqué, dit Ericlée, mais je ne voudrois pas assurer qu'il n'y eût pas eu quelque pretendant qui passast les bornes de l'émulation. Je n'en voudrois pas répondre non plus que vous, dit Polemon, car l'envie se trouve par tout; & puisque dans l'Antiquité il s'est trouvé un envieux qui entendant loüer un tres-bon Prince, eut l'audace de dire, pour ternir cette juste loüange, & comment seroit-il bon, il n'est pas mauvais aux méchants, il n'est pas impossible qu'il se soit trouvé des envieux en ces occasions. L'envie, reprit Timagene, naist plûtost entre personnes égales qu'entre les autres, & c'est pour cette raison qu'elle est plus ordinaire & plus dangereuse dans les Républiques, que dans les Monarchies ; & generalement parlant les Rois sont plus exposez à estre haïs qu'enviez, & ceux qui se sont élevez par leur vertu font plûtost naistre l'envie que les autres. Mais pour les grands Rois qui se sont distinguez par leur valeur, par leurs conquestes, & par d'heroïques vertus, on peut dire qu'ils sont au dessus de l'envie, & même de la haine ; & c'est pour cela que Plutarque a dit qu'il n'y a rien dans l'Histoire qui donne lieu de croire que Cyrus & Alexandre ayent jamais esté l'objet de l'envie ; ajoûtant que comme le Soleil fort élevé à midy ne fait point d'ombre, de même les grands Roys qui s'élevent par leurs grandes actions & par leurs vertus au dessus de tous les autres de leur rang, ne font pas naistre l'envie. Selon cette regle, dit agreablement Ericlée, Loüis Quatorziéme ne sera jamais envié. Non, reprit Timagene, & l'envie est un monstre qu'il a surmonté, en surmontant, comme il a fait, la triple alliance, qui estoit pourtant un espece de monstre que l'envie

& la jalousie avoient fait naître; & si le Cavalier Bernin s'étoit avisé de representer le Roy en Hercule, il auroit mis en basse taille au pied destal de sa belle statuë, la défaite de ce monstre parmy toutes ses grandes actions, aussi bien que l'Heresie vaincuë. On peut même ajoûter, poursuivit-il, qu'il est humainement impossible qu'il ait jamais eu un seul mouvement d'envie, n'y ayant rien en toutes les quatre parties du monde qui puisse luy en donner la moindre tentation; & si quelque chose manque à son bon-heur, c'est de n'avoir pas dans son siecle des Rivaux tels qu'il les luy faudroit en l'amour qu'il a pour la Gloire. Mais de grace, dit agreablement Melanire, dites-moy un peu si ces larmes d'Alexandre pour les victoires de son pere, qu'on a tant loüées, n'estoient pas en quelque sorte des larmes d'envie, revêtuës d'une apparence d'amour heroïque de gloire? Cette pensée est fort delicate, & n'est pas sans fondement, dit Timagene, puisque dans la suite de la vie d'Alexandre on crut que l'envie fut la veritable cause de la mort de Clitus, & cela contribua peut-estre à la grandeur du repentir d'Alexandre; & il ne faut pas s'imaginer que l'envie ne soit pas quelquesfois un defaut passager dans l'ame des plus grands hommes, parce qu'il arrive assez souvent qu'on ignore soy-même qu'on est envieux : l'Histoire en montre plusieurs exemples, & tout le monde sçait qu'Aristide, reconnu pour le plus sage de tous les Grecs, portoit envie à la gloire de Themistocle, & ne la pouvoit souffrir. Ce grand Capitaine, reprit Polemon, eut donc ce qu'il avoit desiré, car estant jeune il s'affligeoit de n'avoir encore rien fait qui meritât qu'on luy portât envie. Mais, comme je l'ay déja dit, ce petit mouvement d'envie passe comme un nuage que la vertu dissipe, & pour preuve de ce que je dis, l'interest public reconcilia genereusement les deux grands Hommes que je viens de nommer. L'envie n'eſt pas ſeulement le vice des particuliers, c'eſt celuy des Villes, & des Nations; on a vû même quelquesfois des peuples entiers ingrats, dont l'envie faiſoit naître l'ingratitude. Les Etoliens devinrent envieux de la gloire des Achayens, ils ſe liguerent lâchement avec Antigonus; mais le prudent & vaillant Arate acquit une nouvelle gloire, & les punit comme de foibles envieux. Je ne mets pas en ce rang la grande émulation qui ſe trouva entre Rome & Cartage; car ce qui fait faire de grandes actions n'eſt pas envie. On a vû dans ce ſiecle le Cardinal de Richelieu, & le Comte Duc d'Olivarés, avoir de cette noble émulation, & s'il y eut quelque mouvement caché d'envie, ce fut sans doute dans le cœur du Ministre Espagnol, & point du tout dans celuy du François. Ne remarquez-vous pas, dit Cleonte, qu'il est fort ordinaire que l'envie nuise plus à l'envieux qu'à ceux qui sont enviez, & l'on peut même assurer que l'envieux se met luy-même au dessous de celuy qu'il envie. C'est une maxime assez commune, dit Ericlée, de dire qu'il vaut mieux estre envié que de faire compassion, mais pour moy j'aimerois mieux faire compassion que d'estre envieuse; car aprés tout l'envie est une petitesse de cœur. Ce qu'il y a de remarquable, dit Polemon, c'est qu'on ne peut connoistre à l'air d'un envieux s'il luy est arrivé quelque malheur, ou quelque bonheur à celuy qu'il envie, estant également affligé de l'un & de l'autre. Cependant quelque lâche que soit l'envie, c'est souvent l'orgueil & la presomption qui la font naistre, & c'est pour cela qu'il est plus dangereux de se flatter soy-même, que de flatter les autres; car si on ne se flattoit jamais, les loüanges ne donneroient ny orgueil, ny presomption, & par consequent l'envie ne pourroit naistre par cette voye ; de sorte que comme l'humilité est proprement l'unique preservatif de l'envie, & que la presomption l'attire, il faut bien songer à ne se flatter jamais soy-même. Cela est un peu difficile, dit Artelice, & je suis persuadée que les plus sages se flattent quelquesfois un peu en quelque chose. Vous avez raison, dit Melanire, mais je suis persuadée que pour éviter l'envie dans son propre cœur il faut l'accoûtumer à rendre justice au merite des autres, & même à ses propres ennemis, & qu'il est encore bon de considerer l'inutilité de l'envie pour en connoistre la bassesse, & la méprifer. Cela est fort bien dit, reprit Ericlée, mais je voudrois bien sçavoir pourquoy il n'y a point de loy contre l'envie. C'est Madame, reprit Timagene, parce que c'est un vice qu'on ne peut prouver, & qu'il se cache dans le cœur de l'envieux, & qu'il n'a qu'à le nier pour n'en pouvoir estre convaincu : ce n'est pas qu'on ne la voye & qu'on ne la connoisse, mais c'est d'une maniere qui ne peut passer pour preuve selon les loix humaines, & c'est un crime dont la punition est reservée au Ciel. Mais, dit Artelice, y a-t'il eu des Rois envieux. Ouy, Madame, reprit-il, on peut dire que l'envie s'étend depuis le sceptre jusqu'à la houlette, depuis la couronne jusqu'à la cale,

cale, pour parler comme Sarrasin a parlé dans la Pompe funebre de Voiture. En effet, Neron fut si envieux de choses au deſſous de luy, qu'il fit mourir un Poëte par l'envie qu'il portoit à ſes Vers: & l'Empereur Adrien fit auſſi mourir Apollodore Architecte par une même cauſe. Il ne faut donc pas oublier, dit Polemon, que ce terrible Empereur qui ſouhaitoit que tout le peuple Romain n'eût qu'une teſte pour la pouvoir couper, forma le deſſein de faire mourir Seneque, parce qu'il avoit admirablement bien plaidé une cauſe en plein Senat; & il auroit executé ce deſſein que l'envie luy avoit fait prendre, ſi une de

Pagination incorrecte — date incorrecte

NF Z 43-120-12

ses Esclaves, qu'il aimoit, ne l'eût assuré que Seneque estoit pulmonique, & qu'il mourroit bien-tost, & ce dangereux mal qui fait souvent mourir ceux qui en sont atteints sauva la vie à ce grand homme. Enfin, reprit Timagene, l'envie s'estend par tout, & nous voyons tous les jours, poursuivit-il en riant, des miserables qui demandent l'aumône, porter envie aux aveugles des Quinze-vingts. Mais Neron & Caligula estoient des monstres comme l'envie, dit Melanire. J'en conviens, dit Timagene, mais ce monstre là n'est pas comme les autres monstres, dont il y en a plus en Affrique qu'aux autres parties du monde, & cela a esté connu dés les temps les plus anciens, car Hesiode que la modestie d'Ericlée luy fera dire n'avoir connu que dans Clelie, dit dans un de ses Poëmes, qu'il y a une bonne & une mauvaise Discorde, voulant dire une bonne & une mauvaise émulation ; & il dit en plus forts termes en un autre endroit, que l'envie est inséparable de ceux qui sont de profession égale, soit parmy les Guerriers, les Sçavans, & ceux qui s'appliquent aux beaux Arts : mais puisqu'il se trouve quelquesfois de l'envie parmy les Philosophes de l'Antiquité, & qu'il y en a encore parmy leurs décendans à travers tant de siecles, il ne faut pas s'estonner de voir tant d'envieux dans l'Histoire de tous les temps, & dans le nostre. Je vous assure, dit Ericlée, que l'égalité de la profession n'est pas toujours necessaire à faire naistre l'envie, car je connois un Cavalier naturellement fort envieux que j'ay vû porter envie à un homme à qui le Roy donnoit un Evesché ; & j'ay vû aussi un Abbé envier un de ses Amis qu'on faisoit Lieutenant General dans une grande Armée. Je devine de qui vous voulez parler, reprit Polemon, mais ce qu'il y a encore de rare à remarquer, c'est que lors qu'un grand Roy fait quelque chose d'éclatant pour quelqu'un, tout le monde s'empresse à loüer ce quelqu'un en public, & à le déchirer en particulier: Cependant on va visiter celuy qui a receu la grace, & on luy fait de grands complimens, & le jour même si plusieurs envieux se trouvent ensemble ils changent de discours; il faut avoüer, dira l'un, que cet homme a une étoile bien favorable, car le merite tout seul ne fait pas de ces choses là; au contraire, dira un autre, le merite nuit souvent à la fortune, mais l'intrigue vient à bout de tout: dites plûtost la bassesse rempante, dira un autre. Enfin, poursuivit Polemon, il arrive assez souvent qu'avant que se separer ces envieux, malgré tous les complimens qu'ils ont faits, murmurent contre le Prince qui a donné, & contre celuy qui a reçû le bien-fait ; de sorte qu'on ne peut trop loüer la Fable d'avoir voulu faire horreur de l'envie en la dépeignant si affreuse. Elle a même fait encore plus, ajoûta-t'il, car elle a exposé à nos yeux de beaux exemples contre l'envie. En effet, elle suppose que l'amitié de Pollux & de Castor son frere estoit si pure & si parfaite, que Pollux ne voulut pas estre Dieu sans son frere, & aima mieux n'estre que demy-Dieu avec Castor: & Homere nous represente l'amitié d'Achilles & d'Ajax sans envie; quoy qu'en un autre endroit il nous montre Dedale envieux de son neveu Achille, & de Palamede; car comme la Fable est un tableau de la vie humaine, il y a de bons & de mauvais exemples, les uns pour en inspirer l'horreur, les autres pour estre imitez; & ceux qui les premiers ont inventé les Fables ont bien connu que si on separoit la gloire de la vertu, il y auroit peut-estre moins de vertueux. En effet, toutes les Apotheoses dont l'Histoire Romaine est remplie, ne se faisoient que par la raison que je dis, ou pour satisfaire la vanité de ceux qui succedoient à ceux qu'on Deifioit. Mais à ce que je voy, dit Ericlée, l'envie se peut trouver par tout. N'en doutez nullement, Madame, dit Timagene, l'eloquence est fort susceptible de cette passion, & ceux-même qui par la sainteté de leur caractere sont obligez de faire detester l'envie, & qui parlent effectivement contr'elle, peuvent quelquesfois estre envieux eux-mêmes. Ah! s'écria Melanire, c'est porter l'envie bien loin, & j'ay eu des Amis, & en ay encore, qui loüent avec plaisir ceux qui font fort bien les mêmes choses en quoy ils excellent : J'ay aussi des Amis tres-braves qui loüent avec exageration les belles actions des autres, & ne parlent jamais des

des leurs. Je connois encore des gens qui écrivent parfaitement, & qui ne blâment que dans leur propre cœur ceux qui écrivent mal, soit en Vers, soit en Prose. Ces gens-là, reprit Timagene, seroient donc capables de parler comme fit une fois Socrate, aprés avoir lû un livre d'Heraclite remply de beaucoup d'obscuritez en plusieurs endroits ; car il dit avec une modestie admirable, que tout ce qu'il en avoit entendu luy sembloit tres-beau, & qu'il ne doutoit pas que ce qu'il n'entendoit point ne le fust aussi. Ah ! pour cela, dit Ericlée, c'est porter la modestie trop loin, & si je voulois je dirois que Socrate voulut seulement faire connoître, d'une maniere fort delicate, qu'il y avoit du galimathias dans ce Livre; car assurément ce qu'il n'entendoit pas ne pouvoit estre entendu. Mais sçavez-vous bien, Madame, reprit Timagene en soûriant, que presentement à la veuë de l'affreuse figure de l'envie, & en parlant contre l'envie, je suis moy-même devenu envieux. En effet, poursuivit-il, vostre pretenduë ignorance me la fait devenir ; car le moyen de ne porter pas envie à une personne, qui sans avoir eu la peine de rien apprendre, en sçait plus que Polemon, que Cleonte & moy n'en pouvons sçavoir. Ah! Timagene, s'écria

Ericlée en se levant, vous vous trompez au nom que vous vous donnez, car vous n'estes pas envieux, vous estes flateur; & comme vous avez dit que la flaterie fait naître la presomption, & la presomption l'envie, ne me flatez pas davantage, car je ne veux jamais estre envieuse. Polemon & Cleante se joignirent à Timagene, & Melanire & Artelice la remercierent d'avoir esté cause d'une Conversation où il y avoit tant à profiter. Et pour n'en perdre pas le souvenir, cette aimable troupe achetta le Tableau de l'envie, le joüa, & le hazard le donna à Timagene, qui en avoit si bien parlé; mais il l'envoya le lendemain à Ericlée, qui fut contrainte de l'accepter par le jugement de la Compagnie.

DE LA PARESSE.

A MADAME****

Vous m'ordonnez, Madame, de vous rendre un conte exact d'un petit voyage que j'ay fait à la campagne, & sur toutes choses de vous raporter fidelement une Conversation dont on vous a parlé, & je vois bien qu'il faut vous obeïr. Je n'ay du moins pas à vous representer le merite des personnes qui furent de cette partie, vous connoissez toutes les grandes qualitez de Clarinte, chez qui nous estions, la beauté & l'agrément de Nerée, & les charmes de Melisse, malgré la langueur paresseuse dont on luy fait souvent la guerre. Vous n'ignorez pas non plus que Poligene sçait tout ce qu'un homme de sa qualité peut sçavoir. Que Tisandre & Telamon sont aussi de fort honnestes gens, & que la diversité de leur humeur sert à rendre la Conversation plus divertissante. Mais comme vous n'avez jamais esté à l'agreable maison de Clarinte, je veux vous en donner une idée, sans vous en faire une description fort étenduë, parce que ce fut en quelque sorte la singularité de ce lieu-là, qui servit à tourner la Conversation de la maniere que je vous la raporteray. Comme j'estois partie matin j'arrivé environ à onze heures chez Clarinte, & je puis vous assurer que jamais solitude ne fut plus solitaire que celle-là; car depuis qu'on a quitté le grand chemin, & qu'on est entré dans la Forest, on ne rencontre personne, à peine le chemin est-il frayé, & comme il n'est pas fort large on est toujours sous des berceaux naturels, tres-agreables en Esté. Au sortir de la Forest on trouve de fort belles prairies, &

l'on voit dans un valon peu profond d'une assez vaste étenduë, traversé d'une petite riviere, une maison regulierement bastie sans beaucoup de magnificence. L'avant-cour est gazonnée, la seconde est pavée d'une espece de pavé qui ressemble à du marbre, avec une fontaine au milieu qui ne jalit pas. Le vestibule est clair & d'une belle structure, sans grands ornemens. Comme j'arrivay on me dit que la compagnie se promenoit dans un bois que je vis au delà d'un parterre, & comme c'estoit un de ces beaux jours d'Esté sans Soleil, & pourtant sans pluye, sans vent, & sans grande obscurité ; je traversay le parterre avec plaisir, conduite par un Escuyer de Clarinte, & j'entray dans une allée fort sombre & fort agreable, croisée de plusieurs autres, toutes avec des veuës solitaires & mélancoliques à chaque bout. Je tournay dans une plus petite que celle où j'estois, qui aboutissoit à un Rondeau rustique, bordé de roseaux, & couvert de Cygnes. Je vis en plusieurs endroits de ce bois de fort belles figures, mais fort particulieres; car tout y parle de l'humeur de celuy qui avoit fait bastir cette maison. Il estoit Ayeul de Clarinte, & comme il fut rebuté de la Cour par quelques mauvais succés, il laissa des marques de son aversion pour le monde, & de son inclination pour tout ce qui peut avoir raport à l'oisiveté. En un endroit est une belle figure de marbre qui represente le Dieu du silence ; en un autre on voit une Venus couchée negligemment, & trois petits Amours endormis auprés d'elle. D'un autre costé paroist une fort belle perspective qui représente Morphée accompagné d'une multitude de songes, & de tout ce qui luy convient selon la Fable ; & en une autre on voit encore un Berger apuyé nonchalemment contre un arbre, & ses moutons couchez à l'ombre qui ruminent, & son chien endormy couché auprés d'eux. Mais sans

DE LA PARESSE. 155
m'arrefter davantage à vous décrire mal tout ce que je vis, j'arrivay à un cabinet où eftoit la compagnie que je cherchois, & je vis fur la porte ces Vers gravez en gros caracteres d'or fur du marbre blanc :

Qui cherche le repos le peut
   trouver icy,
Mais quiconque a le cœur remply
   d'un vain foucy,
Porte ailleurs fon inquietude,
Car cette aimable folitude
Ne donne la felicité
Qu'à la charmante oifiveté.

Pendant que je m'amufois à lire ces Vers, l'Efcuyer de Clarinte qui me conduifoit s'avança, & ouvrit la porte du cabinet, de sorte que Clarinte vint m'embrasser, Nerée en fit de même, & Poligene & Tisandre parurent fort aises de me voir. Ils me demanderent pourquoy je n'avois pas amené Telamon, à qui ils avoient écrit de la part de Clarinte de me servir d'escorte, & je leur dis que je n'avois pas entendu parler de luy. Je ne m'en étonne pas, dit Clarinte, car comme il est aussi paresseux que vous estes diligente, nous ne le verrons qu'avec Melisse. Mais Melisse, luy dis-je, n'est-elle pas venuë avec vous il y a trois jours ? Oüy, reprit Clarinte ; mais suivant son humeur elle dort encore, ou du moins elle joüit dans sa chambre de cette felicité que promettent les Vers que vous venez de lire sur la porte de ce cabinet. Comme je n'ay jamais esté icy, repliquay-je, permettez-moy d'en regarder les singularitez dont on m'a tant parlé. Je le veux bien, dit Clarinte, en me faisant remarquer que ce cabinet estoit au bout d'un tres-beau canal sans nuls jets d'eau, parce que celuy qui a autrefois basty cette maison, avoit desiré que tout y fust tranquille jusqu'aux aux eaux; & il n'eust pas voulu de fontaines jalissantes ny de boüillons d'eau, ny de Cascades, ne voulant, disoit-il, que des eaux dormantes; & dans la bizarrerie de son humeur il preferoit les Cygnes à tous les autres oiseaux, parce qu'ils ne chantoient qu'en mourant, & ne troubloient jamais le silence de sa solitude, comme faisoient les Rossignols & les Fauvettes. Aprés avoir regardé ce Canal bordé de gazon & de fleurs sauvages, je regarday les peintures de ce cabinet, & je vis plusieurs belles figures de femmes negligemment habillées representant la Paresse, la Nonchalance, l'Oisiveté & la Negligence dans des paysages sombres en des actions differentes, mais toutes languissantes; & tout à l'entour du cabinet de distance en distance on voyoit des inscriptions en Vers. Mais ce qui me parut fort

DE LA PARESSE. 159
nouveau, c'est que comme on y avoit fait un chant, on le voyoit noté sur une lame de cuivre doré qui estoit attachée au bas d'un quadre de marbre du Tableau du milieu. Voicy les premiers Vers que je lûs, & tous les autres de suite.

*Fuyez les passions, n'aimez que
    l'indolence,
N'ayez jamais d'ardens desirs,
C'est à l'oisive nonchalance
A vous donner de vrais plaisirs*

*Un heroïque Amour n'est jamais
    sans souffrance,
Il vit de pleurs & de soûpirs,
C'est à la seule nonchalance
A vous donner de vrais plaisirs.*

*La grande ambition par la vaine
esperance
De ses Amans fait ses martyrs,
C'est à la douce nonchalance
A vous donner de vrais plaisirs.*

*Joüissez donc en paix de l'aimable
silence,
Des fleurs, de l'ombre, & des
Zephirs,
Et preferez la nonchalance
A tous les penibles plaisirs.*

Aprés avoir lû ces Vers je les chantay ; car comme je sçay passablement la Musique, je voulus voir si l'air estoit aussi singulier

singulier que les paroles, & le trouvant fort agreable ; c'est dommage, dis-je à Clarinte, que ces Vers là, tous jolis qu'ils sont, n'ayent un sens plus noble, & plus à l'usage des gens qui ont le cœur & l'esprit bien-fait. Je vous assure, reprit Clarinte, que Melisse & Telamon que nous attendons, n'y voudroient rien changer; mais je voudrois bien que nous les pussions corriger de la paresse excessive qui ternit en eux mille bonnes qualitez. Par exemple, ajoûta Clarinte, si je n'avois ordonné à mes gens de nous faire dîner tard nous dînerions bien mal, car je suis assurée que Melisse est encore dans les bras de la nonchalance, pour parler dans le sens de la Chanson, & que Telamon est encore assez loin d'icy étendu négligemment dans son carosse entre la réverie & le sommeil, sans sçavoir bien à quoy il pense, ny à quoy il veut penser; quoy qu'il ait infiniment de l'esprit quand il veut se donner la peine de le montrer. Si vous l'approuvez, Madame, dit Poligene, nous reviendrons tantost icy, & nous leur en ferons la guerre. Vous me ferez un extrême plaisir, dit Clarinte, & il n'y a point d'innocente malice que je ne leur voulusse faire pour les corriger d'un si grand defaut. Tout le monde en convint, & Tisandre même, quoy qu'un peu paresseux, mais non pas comme Melisse & Telamon. En suite de cela nous sortîmes du Cabinet, & Clarinte nous mena en divers endroits que je n'avois pas vûs en allant la trouver. Poligene nous quitta, disoit-il, pour aller voir s'il apercevroit Telamon d'une terrasse qui estoit au delà d'une allée. Comme Clarinte a l'esprit charmant, que Nerée l'a très-agreable, & que Tisandre parle fort bien, nostre longue promenade ne m'ennuya point: Mais comme le Soleil se découvrit, Clarinte vit à un Cadran magnifique qu'il estoit deux heures; de sorte qu'elle nous proposa d'aller, disoit-elle, éveiller Melisse, & de dîner sans attendre Telamon. Nous reprîmes donc le chemin de la maison par une allée détournée, qui nous y conduisit toûjours à l'ombre par un costé du parterre. Nous trouvâmes Melisse qui décendoit l'escalier à demy habillée, qui nous dit que la peur de nous faire attendre l'avoit obligée de se montrer à nous en cet estat là. Vous estes si persuadée, luy dit Clarinte, aprés que je l'eus embrassée, que l'air negligé ajoûte beaucoup à la beauté, que vous ne nous devez point faire d'excuses de la negligence de vostre coiffure, & de vostre habillement ; & je suis bien fâchée, ajoûta-t'elle en riant, qu'un repas negligé que je vais vous donner ne soit pas aussi bon que vostre negligence est belle. Je ne sçay, reprit Melisse en soûriant aussi, si ma negligence est belle, mais je sçay bien qu'elle est fort commode. Nous entrâmes alors du vestibule dans une grande salle où le couvert estoit mis; nous passâmes pour un quart d'heure dans une fort belle chambre, ornée de miroirs & de grands vases de porcelaines remplis de fleurs, & l'on vit arriver Telamon en habit de campagne, aussi negligé que Melisse estoit negligée. Clarinte luy fit la guerre de venir si tard, & de n'estre pas venu avec moy, il s'en défendit nonchalamment, & Clarinte demanda où estoit Poligene, qu'on n'avoit pas vû depuis que nous estions sortis du Cabinet de la nonchalance, car on appelle ainsi celuy d'où nous venions. Comme Poligene, reprit Telamon en riant, est fort de mes amis, il n'a pas voulu que je fusse le seul paresseux. Pour l'en punir, dit Clarinte, nous ne l'attendrons pas. En effet l'on servit, & le repas loin d'estre negligé fut propre, delicat, & magnifique. Poligene revint de sa promenade écartée, au milieu du premier service, on luy en fit la guerre, il s'excusa, & dit qu'il s'estoit arresté à voir travailler un Peintre qui peignoit la voûte de la Chapelle. L'entretien fut fort divertissant pendant le repas; on passa en suite dans le Cabinet de Clarinte; on proposa de joüer une heure ou deux, mais Melisse dit qu'elle iroit achever de s'habiller, pendant que Nerée, Tisandre & moy joüerions à l'ombre. Poligene nous regarda joüer un quart-d'heure, & disparut encore, & Clarinte & Telamon joüerent aux Eschets; mais enfin deux heures aprés Melisse revint, qui n'estoit guere plus habillée que quand elle estoit partie, s'estant contentée de ranger ses cheveux negligemment, de changer de rubens, & de jetter sur sa teste une de ces belles coiffes d'un ouvrage delicat, sans estre fort blanc, qui sieat si bien aux belles & jeunes personnes. J'admire, luy dit Clarinte en soûriant, que vous nous ayez quittez si long-temps pour ne vous parer pas davantage. Comme elle alloit répondre, Poligene parut, l'on quitta le jeu, & l'on proposa d'aller au Cabinet du bout du Canal entendre des Hautbois qui faisoient un effet charmant en ce lieu là, par un Echo qui répondoit toujours fort juste. C'est proprement au Cabinet de Melisse que nous allons, dit Clarinte. Il est vray, répondit-elle, que je ne hais pas la nonchalance, que l'affectation qui luy est opposée n'est nullement

de

de mon goût, & que je suis de l'avis de tous les Vers du Cabinet où nous allons. J'en suis aussi bien que vous, dit Poligene en soûriant. J'en suis ravy, reprit Telamon, qui estoit venu plus d'une fois en ce lieu-là. Je ne dis pas la même chose, dit Clarinte, car je serois bien fâchée que Poligene dît la verité. Je vous assure, Madame, reprit-il, que je parle fort sincerement. Quoy Poligene, s'écria-t'elle, lorsqu'ils arriverent à la porte du Cabinet où ils alloient, vous estes de l'avis de cette inscription, le forçant de lever la teste pour regarder celle de cette porte, & la regardant elle-même; mais elle fut bien surprise de voir qu'on avoit appliqué fort proprement un carton sur l'inscription ordinaire, & qu'on y avoit mis celle qui suit, écrite en gros caractere avec du crayon.

Qui ne cherche que le repos
Ne peut jamais trouver la gloire ;
On peut voir quelquesfois délasser des Heros,
Pour courir mieux à la Victoire ;
Mais on ne vit jamais la molle oisiveté
Servir à leur felicité.

Ah! Clarinte, s'écria Melisse, vous avez bien fait préparer cette nouvelle inscription pour recevoir cette belle Compagnie toute composée de personnes diligentes, à la reserve de Telamon. En verité, reprit Clarinte, je suis plus surprise que vous de ce juste & ingenieux changement; car Artemire, c'est le nom qu'on me donne parmy nous, Nerée, Poligene & Tisandre, peuvent témoigner qu'avant le dîner cela n'estoit pas ainsi. Il est certain, dit Poligene avec une hardiesse sans pareille, que la belle Clarinte dit la verité, Nerée, Tisandre & moy dîmes la même chose, & nous entrâmes dans le Cabinet, sans que je pusse m'imaginer qu'il fust possible que Poligene, qui fait quelquesfois fort agreablement des Vers en badinant, eût pû changer toutes les inscriptions, comme celle de la porte; car nous jugeâmes bien Clarinte & moy que ses deux petites absences avoient esté employées à cette galanterie, & qu'il s'estoit servy du Peintre dont il avoit parlé pour écrire les Vers avec du crayon sur du carton, & pour l'appliquer aussi proprement qu'il l'estoit: mais nous fûmes encore plus surprises de voir les Vers qui suivent sur la mesure des premiers pour les pouvoir chanter sur le même Air, & placez precisément au dessous des autres inscriptions: Les voicy selon le même ordre.

Fuyez, fuyez toujours la tiedeur,
 l'indolence,
Quiconque a de nobles desirs,
Connoît bien que la nonchalance
Ne peut donner de vrais plaisirs.

Un Amour paresseux, sans ardeur, sans souffrance,
Qui ne connoît pas les soûpirs,
Dans les bras de la nonchalance,
Ne peut trouver de vrais plaisirs.

*La belle Ambition vit toûjours
d'esperance,
Et quand elle auroit des mar-
tyrs,
Ce n'est pas à la nonchalance
A luy donner de vrais plaisirs.*

*Joüissez quelquesfois de l'ombre
& du silence,
Le cœur remply de beaux desirs,
La gloire fuit la nonchalance,
Qui n'a jamais de vrais plaisirs.*

Tout de bon, dit Clarinte, cela me paroît un enchantement. Quoy que ces Vers là soient contre mes Maximes, dit Melisse, je les trouve heureuse-

DE LA PARESSE. 175

ment retournez. Si j'en sçavois faire, dit Telamon, j'y répondrois ce me semble facilement. Répondez-y en Prose, dit Clarinte, qui cherchoit à engager la Conversation sur ce sujet là. Je le veux bien, repliqua-t'il, pourvû que la belle Melisse m'aide à soûtenir nôtre party. Mais pensez-vous, reprit-elle agreablement avec son air negligé, qu'il en soit beaucoup plus fort, & que la paresse qu'on me reproche me permette de dire toutes nos raisons ? Pour vous donner le temps d'y penser, luy dis-je, il faut que Telamon, qui a de la voix, chante avec moy tous ces couplets là en Dialogue; cela fut executé, & réussit agreablement : les Hautbois que Clarinte nous avoit promis commencerent de joüer, mais elle les remit pour le soir, car nous ne devions partir de là qu'à minuit, pour revenir au clair de la Lune. Clarinte nous ayant rangez comme elle voulut commença agreablement la conversation, en demandant à Melisse pourquoy estant aussi belle qu'elle estoit, ayant autant d'esprit, & aimant autant la vie, elle l'accourcissoit par la nonchalance dont elle faisoit profession : Car enfin, ajoûta-t'elle, vous ne vivez pas la moitié de ce que je vy, & j'auray plus vécu à trente ans, que j'auray bien-tost que vous n'aurez vécu à soixante, si vous allez jusques-là, dont je doute ; car l'excessive nonchalance n'est pas bonne à la santé. Je ne suis pas de vostre avis, dit Melisse, & je crois qu'on peut vivre long-temps en toutes sortes de temperamens, & que quand on veut s'opposer directement à celuy dont on est, on détruit plûtost sa santé qu'en si abandonnant. En effet, ajoûta-t'elle en me regardant, si je m'estois levée aussi matin qu'Artemire je serois malade tout le jour. Et moy, repris-je, si je dormois tous les jours dix ou douze heures, que j'en fusse encore deux ou trois à m'habiller, sans estre habillée, quatre ou cinq à ne rien faire, & le reste du temps sur un lit de repos à écouter les autres, sans me vouloir donner la peine de parler, je crois que je deviendrois paralytique de corps & d'esprit tout ensemble, si l'on peut parler ainsi; & j'admire comment il est possible que vous puissiez conserver tout l'agrement de vostre esprit entre la paresse, la langueur, la nonchalance, & l'oisiveté dont vous faites profession; & cependant quand il vous plaist de sortir de cette letargie paresseuse rien n'est plus charmant que vous. Je voy bien, dit agreablement Melisse, que pour mon honneur il faut que je surmonte aujourd'huy cette pretenduë letargie que vous me reprochez si plaisamment en me flattant, pour me le faire souffrir plus doucement, & que pour me défendre je vous demande si vous aimeriez mieux que je fusse comme certaines femmes diligentes, dont tout le monde connoît, qui trouvent toujours les jours trop courts, parce qu'elles se meslent de cent choses dont elles n'ont que faire, & qui passant continuellement d'une intrigue à une autre, ou pour elles-mêmes, ou pour autruy, s'accablent volontairement pour rien. De ces femmes, ajoûta-t'elle, qui veulent estre de tout ce qui se passe dans le monde, de toutes les promenades, de tous les plaisirs, qui vont s'affliger avec cent affligées qu'elles ne connoissent point, & se réjoüir de même, qui pour paroître sçavoir toutes les nouvelles, courent pour en apprendre, ou pour en dire, ou en inventent quand elles n'en sçavent pas. Aimeriez-vous mieux, poursuivit-elle, que je fusse comme cela, au lieu de joüir d'un paisible repos, sans faire mal ny à autruy, ny à moy-même. La belle Melisse a raison, ajoûta Telamon, car enfin quel mal peut faire un paresseux, qui laisse faire aux autres tout ce que bon leur semble, sans se donner la peine de s'y opposer, qui satisfait de son oisiveté tranquile ne trouble jamais personne;

DE LA PARESSE. 181
qui voit toutes les sottises des autres sans en parler, qui se contente de n'en point faire, qui laisse en paix ceux qui en font, & qui se dérobe à la tyrannie de la pluspart des passions pour conserver le repos dont il joüit. Appellez-vous un veritable repos, interrompit Clarinte, la paresse excessive qui rend le paresseux inutile à tout le monde & à luy-même ? Car à ne vous flatter pas, la paresse dont je parle est la source de la nonchalance, de la lenteur, de la negligence, de l'indiference, de l'oisiveté, de l'amitié tiede, & d'une certaine indolence de cœur & d'esprit, qui rend un paresseux également insensible à la

gloire, & à la honte; qui laisse dire de luy tout ce qu'on veut pour demeurer dans cet oisif repos dont il fait sa félicité, sans se donner même la peine d'examiner s'il est honneste de s'y abandonner. Tout ce que vous dites contre la paresse excessive, reprit Tisandre, est fort bien dit & fort juste, mais je pourrois pourtant ce me semble dire qu'un peu de paresse en un honneste homme est souvent l'effet d'une espece de mépris genereux qu'il fait de la plus part des choses du monde qu'il ne trouve pas dignes de l'occuper, comme elles occupent en general tous les hommes ordinaires : Car, poursuivit-il, quand le paresseux dont je parle sera réveillé par la gloire, il y courra plus viste que ces diligens qui courent à tout, & qui s'estant lassez en mille petites occasions de rien, ne font bien souvent rien qui vaille aux grandes quand elles se presentent. Mais il faut, ajoûra-t'il en soûriant, que le paresseux dont j'entends parler soit un paresseux qui pense, & non pas un paresseux abysmé dans la nonchalance, qui ne sçait pas mesme penser, & qui ressemble fort à ce qu'on appelle des Automates, selon la nouvelle Philosophie, car je croy qu'il m'est permis de parler ainsi devant des Dames, en un temps où beaucoup de leurs Amies la connoissent & l'apprennent. En verité, dit Melisse en riant, je ne suis pas de cet avis, car un peu de paresse ne sert de rien au paresseux, il en faut beaucoup, au hazard de ressembler à un Automate, ou il n'en faut point du tout. La belle Melisse a raison, reprit Telamon, & ce mélange de paresse & de diligence ne m'accommode point du tout. Pour moy, dit Poligene, je m'en tiens à ce qu'un homme qui a merité le nom de divin dans tous les siecles a dit, lorsqu'il a avancé qu'un grand dormeur n'est jamais un grand personnage. Mais est-il possible, dit agreablement Nerée, qu'on vueille se parer de la paresse

resse comme d'une vertu, au lieu de s'en excuser comme d'une foiblesse. Ah ! Nerée, s'écria Clarinte en soûriant, ne les flattez point, & dites hardiment, comme d'un grand defaut, si vous ne voulez pas dire une parole plus opposée à la vertu, quoy qu'on le pust faire avec équité. Mais, reprit Melisse, ne faites-vous nulle distinction entre cette paresse qui vous fait tant d'horreur, & une simple nonchalance, ou pour mieux dire une honneste oisiveté, & cette grande suitte de negligence, d'indiference, de lenteur, d'amitié tiede, & cette indolence d'esprit & de cœur dont vous avez parlé est-elle toujours avec la paresse? A n'en point mentir, reprit Clarinte, on les voit souvent ensemble, quoy qu'elles se separent quelquesfois, & je regarde cette affreuse paresse que je hais tant comme une mer noire, d'où partent toutes les mauvaises qualitez que j'ay dites, & qui y retournent toujours pour en ressortir comme des ruisseaux bourbeux: Je demeure pourtant d'accord qu'il y a divers degrez à la paresse, & que vous & Telamon n'estes encore qu'à moitié chemin de celle qui ternit toutes les bonnes qualitez, & c'est pour cela qu'on ne peut trop vous la representer avec toutes les sombres couleurs qui la rendent méprisable. La paresse, dit Poligene, est fort singuliere en une chose, c'est qu'elle ne peut jamais produire aucun bien. Elle peut estre commode pour un peu de temps, elle peut même se trouver quelquesfois avec du merite, mais elle ne peut jamais cesser d'estre une mauvaise qualité. La colere augmente souvent la valeur, la haine qui s'attache à haïr le vice est loüable; l'Amour honneste porte à la liberalité, & fortifie toutes les bonnes inclinations; l'avarice même, quand elle n'est pas accompagnée d'injustice, enrichit du moins sans honte les enfans de ceux qui en sont possedez, & je compare volontiers la paresse excessive à l'envie, & à l'ingratitude, qui ne peuvent jamais non plus qu'elle caufer aucun bien. Cela eft un peu fortement exageré, dit Meliffe. Je vous affure, reprit Clarinte, qu'il ne l'eft point du tout. Mais encore, dit Telamon, où mettez-vous les bornes de la pareffe ? car il me paroift que rien n'eft plus difficile que de les bien connoître. Au contraire, reprit Clarinte, rien n'eft plus aifé; les autres vices ont des frontieres qui fe confondent fouvent avec les vertus; la liberalité & la prodigalité fe touchent, l'œconomie & l'avarice, & plufieurs autres de même; mais tout ce qui eft pareffe eft mauvais, & doit estre corrigé. Du moins, dit Melisse, un paresseux n'est-il pas étourdy; il ne laisse pas de l'estre en un certain sens, dit Clarinte, car en s'y abandonnant il renonce souvent aux devoirs de l'amitié : Il néglige le soin de ses affaires, il ne connoît pas même qu'il les gaste, un étourdy ne peut faire pis. Il y a des defauts, dit Poligene, que le déreglement de l'esprit fait naistre, on les acquiert, & ils ne naissent pas avec nous. Il n'en est pas ainsi de la paresse, elle naist du temperemment, & souvent la raison seduite la flatte au lieu de la retenir. Un paresseux hesite à servir son amy, un diligent y court. Il y a donc bien des paresseux au monde, reprit Melisse en soûriant, car nous ne voyons gueres de gens courir pour servir leurs Amis, sur tout quand ils sont malheureux, & les Amis heureux sont ordinairement les mieux servis. J'en conviens, dit Poligene, mais cela n'excuse pas la paresse. Un paresseux, ajoûta Poligene, s'endort non seulement dans la simple oisiveté, mais dans les vices: Il les connoît quelquesfois, il en a honte, mais la nonchalance l'empêche d'en sortir, il s'y endort, il y meurt, nous en connoissons tous de cette espece. Ah! Poligene, dit Melisse, je ne défends pas cette horrible paresse dont vous parlez, j'en soûtiens une plus agreable & plus commode. Le loisir, poursuivit-elle, n'a-t'il pas quelque chose de doux ? J'en conviens, Madame, reprit Poligene, mais si le loisir est un bien, ce n'est pas pour ne rien faire, c'est seulement pour faire ce que l'on veut, & non pas pour s'aneantir par la paresse excessive. Je vous ay déja dit, reprit Melisse, que je défends une paresse plus douce ; par exemple, j'aime mieux entendre chanter Artemire que chanter moy-même. Je ne danse pas mal à ce qu'on dit, mais le Bal me fatigue, je n'y vais plus que par force. J'ay renoncé aux grandes visites pour en éviter la contrainte. J'aime assez à lire, mais c'est pour ne rien sçavoir, & je ne voudrois pas avoir plus d'esprit que j'en ay ; car il me paroît que c'est une ennuyeuse fatigue d'avoir à soûtenir une grande reputation de bel esprit. Ah ! pour ce soin là, dit Nerée, on vous en dispense, il ne le faut jamais avoir. Il est vray, dit Clarinte, mais en general il ne faut pourtant jamais ny en grandes ny en petites choses mépriser l'approbation des honnestes gens ; & une Dame qui n'a nul soin de la reputation de son esprit, peut ne se soucier pas trop de celle qui doit faire sa principale gloire, & quand cela est je la trouve en un assez grand peril. La paresse, reprit Poligene

Poligene, est ennemie de tous les beaux Arts, & les Noms des grands Peintres, des fameux Sculpteurs, & des sçavans Architectes de l'Antiquité ne seroient pas venus jusqu'à nous s'ils avoient esté paresseux, & ceux qui ont vêcu ou qui vivent dans nostre siecle n'iroient pas aussi loin qu'ils iront dans les siecles à venir, si la paresse les possedoit. Mais ne trouvez-vous pas, dit Tisandre, qu'il y a certains diligens en apparence qui gastent ce qu'ils font par une paresse cachée dans le fond de leur cœur, parce qu'ils ne songent qu'à avoir fait promptement ce qu'ils ont entrepris, sans penser à le faire bien, afin de retourner plûtoſt à l'oiſiveté. Cela eſt bien remarqué, dit Clarinte : Il me ſemble même, ajoûta-t'elle, qu'un veritable pareſſeux n'eſt pas ordinairement trop propre ; le repos eſt le but de toutes ſes actions ; ne rien faire eſt un plaiſir pour luy ; & il eſt même pareſſeux à chercher les plaiſirs où il peut encore eſtre ſenſible. Je demeure aiſément d'accord de cela, dit Telamon, car je veux que les plaiſirs me cherchent, ou les trouver du moins en mon chemin ſans les chercher moy-même, parce que ſouvent ceux qui les cherchent avec tant de ſoin connoiſſent quand ils les ont trouvez qu'ils n'en valoient pas la peine. Ne pensez pas, dit Clarinte en blâmant les paresseux, que je vueille loüer les empressez, nullement; mais puisque les raisons ne les convainquent pas, ajoûta-t'elle en regardant Poligene, cherchons des exemples; car puisque ces sages Romains, comme j'ay lû quelque part, faisoient enyvrer leurs Esclaves pour corriger leurs enfans de ce vice-là, nous pouvons bien montrer des paresseux à nos Amis pour les guerir de la paresse. J'ay vû mourir un homme depuis peu, dit Poligene, que mon pere avoit connu en sa jeunesse, qui pourroit passer pour le plus parfait oisif qui fut jamais. On le mit au College, il ne voulut rien apprendre par pure oiſiveté; on l'envoya en ſuite à l'Academie, il n'y réuſſit pas; car l'air nonchalant ne peut pas faire un bel homme de cheval, & il ſemble plûtoſt que le cheval le mene qu'il ne le dompte; on voulut du moins qu'il s'appliquaſt à lire l'Hiſtoire, il répondit qu'il l'avoit voulu faire, mais qu'y trouvant beaucoup plus de mauvais exemples que de bons, & plus de vices que de vertus, il ſe contentoit de connoiſtre tous les defauts de ſon ſiecle, ſans aller chercher à s'inſtruire de ceux des ſiecles paſſez. On l'envoya à la guerre, il n'y fut pas propre, & la pareſſe & l'oiſiveté luy firent refuſer des emplois qu'on eût accordez à sa qualité; de sorte qu'il se contenta d'estre volontaire; l'on remarqua même que dans les occasions où il se trouva, il estoit aussi lent à la retraite qu'à aller à la charge, & qu'il estoit également nonchalant à tout. Ses parens prirent alors le party de le rapeller, & de le marier, pour n'estre qu'un Gentilhomme de Province. Ils luy proposerent d'épouser une riche heritiere qui demeuroit à trente lieuës de sa maison, & voulurent qu'il allast voir si elle luy plairoit avant que de rien signer, quoy que le Tuteur de la fille le voulust faire si on le vouloit, parce qu'il connoissoit le bien du paresfeux; Il refusa de s'en donner la peine, & signa les articles de son mariage sans avoir demandé si celle qu'il épouseroit estoit blonde ou brune, grande ou petite. Quand il fut marié il laissa agir sa femme comme elle voulut, quoy que d'humeur tres-differente à la sienne. Il eut deux enfans à qui il ne voulut rien faire apprendre que ce qu'il leur plût, disant qu'il vouloit leur laisser la liberté qu'il avoit prise. Il perdit son pere & sa mere, & ne les regretta que parce qu'ils prenoient soin de ses affaires, & si vous voulez connoistre tout ce qu'il fit en toute sa vie, le voicy. Le Tonnerre estant tombé sur un Donjon d'un vieux Chasteau qui estoit à luy, il le fit abattre tout entier sans l'avoir fait rebastir, quoy qu'il vêcut dix ans aprés, & la même paresse qui l'avoit maîtrisé toute sa vie l'empêcha de faire un Testament à sa mort, par lequel il eust pû empêcher ses enfans de plaider contre leur mere, comme ils firent, faute d'avoir expliqué un article un peu obscur de son Contract de Mariage, qu'il avoit signé sans l'avoir entendu lire, & sans écoûter même le Notaire, qui l'avoit lû en sa presence suivant la coûtume. Ah! Poligene, s'écria Melisse, vôtre oisif est un tableau fait à plaisir sans aucun modele. Non, non, dit Clarinte, c'est un portrait d'aprés nature, je sçay de qui Poligene veut parler : Mais la nature même, dit Poligene, qui semble estre paresseuse en quelques endroits du monde, où l'on ne trouve que des Deserts steriles, sans arbres, sans herbes, sans fontaines, ne les rends pas beaux, & je soûtiens qu'on trouve encore plus étrange que l'esprit humain, qui est capable de toutes les belles connoissances, de toutes les vertus, jusqu'à sçavoir l'art de regner & sur autruy & sur soy-même, demeure oisif & endormy sans rien produire de bon, qu'il ne l'est de voir les Deserts de Libie sans arbres, sans herbes, sans fruits, & sans fontaines. Cette pensée là est tres-belle, dit Tisandre, & de peur d'avoir quelque raport à cette comparaison, je veux me corriger du peu de paresse que j'ay. Pour moy, dit Melisse en soûriant, j'en ay l'esprit en repos, & je croy qu'il peut y avoir des Deserts assez agreables, & des esprits paresseux de même. Il n'est pas jusqu'à la mer, reprit Poligene, ou le trop grand calme est quelquesfois aussi dangereux que l'orage. Ne voyez-vous pas même qu'en tout l'Univers rien de ce qui est vivant n'est loüé d'estre oisif, les plus grands Philosophes, & les plus grands Poëtes se sont amusez à admirer & à décrire le travail des Abeilles & des Fourmis, &

ce paresseux animal, qu'on appelle une Marmote, & qui dort six mois de l'année, n'a qu'un petit mot en passant dans toute l'Histoire des Animaux. Il ne faut pas même, ajoûta Poligene, chercher des excuses à l'oisiveté par le grand âge; car de quelque profession qu'on soit, il y a mille exemples qui favorisent ce que je dis. La plufpart des grands Philosophes ont vêcu long-temps; Massinisse avoit quatre-vingt-dix ans quand il gagna une grande bataille. Antigonus conquit toute l'Asie dans sa vieillesse. Isocrate si fameux par le grand nombre d'Orateurs qu'il a faits, fit son plus bel Ouvrage à quatre-vingt-dix ans, & vêcut encore longtemps aprés, & cet homme là fut si celebre, que pour marquer aprés sa mort que nul n'étoit digne de chanter sa gloire, on representa sur son tombeau une Sirene qui tenoit un doigt sur sa bouche. Il ne faut donc jamais chercher d'excuse à l'oisiveté ; car toute la vie doit avoir quelque occupation solide, proportionnée à ce que l'on est. Il me semble, ajoûta Poligene, que je puis juger équitablement de ce que j'avance, car n'estant pas ce qu'on appelle jeune, & n'estant pas aussi ny fort proche, ny fort éloigné de la vieillesse, on peut dire que je puis parler raisonnablement de tous les âges. Mais encore, dit Telamon, voudrois-je bien sçavoir ce qu'on appelle proprement un veritable oisif; car je suis persuadé qu'on abuse souvent de cette expression. Pour en bien juger, dit Poligene, il faut remarquer que tous les hommes en general ont un temps égal à employer, rien n'est mieux partagé en toute la nature; il faut donc voir ce qu'on en fait; car aprés tout bien ou mal, il en faut faire quelque chose, & ne pas estre comme ceux qui ne vivent que pour dormir & pour manger, au lieu qu'il ne faut manger & dormir que pour vivre; & tout le monde sçait qu'un des plus grands Hommes de l'Antiquité a fort bien remarqué, que le bon-heur parfait consiste en l'action, & que jamais en nulle Nation nul homme de bon sens n'a mis la felicité à ne rien faire. De sorte que comme un veritable oisif passe sa vie dans cette profonde oisiveté, on ne peut pas le regarder comme un homme heureux. Cela est bien appliqué, dit Telamon, cependant de grands Hommes ont autrefois fort loüé les Lacedemoniens d'estre les seuls d'entre les Grecs qui eussent étably la felicité dans le repos; & un fameux Romain a même dit hautement, qu'il n'y a que le repos qui soit amy de la sagesse, & qu'il n'y a que le sage qui puisse dans un honneste loisir apprendre veritablement à vivre. Je sçay ce que vous dites, reprit Poligene, mais ce fameux Legislateur d'Athenes que tout le monde connoît, qui estoit moins riche & plus moderé que Seneque dont vous voulez parler, estoit tellement ennemy de l'oisiveté, qu'il fit une loy par laquelle les enfans n'estoient pas obligez de nourrir leurs peres dans leurs vieillesses, lorsqu'ils ne leur avoient rien fait apprendre qui pût leur faire trouver leur subsistance sans estre à charge à personne. Et le sage Caton à quatre-vingt-dix ans disoit s'estre toujours repenty de trois choses, dont la principale, estoit lors qu'il avoit passé un jour sans rien faire. Je sçay ce que vous dites, repliqua Telamon, & je sçay même qu'il apprit le Grec dans sa vieillesse, & qu'il para ses Ecrits en imitant Tucidide, & plus encore Demosthene. Mais ce Caton là estoit encore plus censeur par l'austerité de sa vertu que par sa dignité, & la vertu severe n'est pas à l'usage de nostre siecle : Et puis, poursuivit-il, la fortune ne permet pas à tout le monde d'estre occupé, c'est elle bien souvent qui donne les charges & les emplois. J'en conviens, dit Poligene, mais il faut premierement s'en rendre capable, & ensuite se presenter à elle. Mais si un homme, dit

Telamon, n'est pas né pour la vie tumultueuse, & que par la foiblesse de son temperamment il ne se sente propre ny à la guerre, ny aux affaires, que voulez-vous qu'il devienne? Je veux qu'il s'occupe noblement dans son loisir, repliqua Poligene, qu'il étudie, qu'il écrive, & qu'il puisse montrer quelque chose à la fin de sa vie qui puisse prouver qu'il a vécu; car le veritable feneant aprés avoir vécu un siecle ne peut rien montrer de sa vie passée, qui ne luy fasse honte, & qui ne merite qu'il s'en repente. Mais un homme qui ne bouge de son cabinet, reprit Telamon, peut-il passer pour un homme occupé? N'en doutez pas, repliqua

pliqua Poligene, pourvû qu'il écrive des choses utiles & agreables. Car un homme qui fait un ouvrage assez solide pour esperer raisonnablement qu'il servira d'instruction à toute la posterité, & qu'il donnera à tous ceux qui naîtront dans toute l'estenduë des siecles, le même secours qu'il a receu des grands hommes qui l'ont precedé : cet homme, dis-je, ne pourra pas passer pour un oisif. En effet, il est aisé de connoistre combien Alexandre estoit touché des grandes leçons qu'il avoit trouvées dans Homere, non seulement parce que l'Illiade le suivoit par tout, mais encore parce qu'ayant vû arriver un Courrier avec un air guay & soûriant, il luy dit en le regardant favorablement, *qu'elle bonne nouvelle m'aporte-tu ? Homere est-il ressuscité ?* comme ne pouvant imaginer rien qui luy pust estre plus agreable que la resurrection de ce grand Homme. Alexandre n'a pas esté le seul, ajoûta Tisandre, qui l'ait distingué; car Alcibiade, suivant son humeur gaye & emportée tout ensemble, luy fit bien autant d'honneur par son chagrin, lors qu'il donna un souflet à un homme qui enseignoit dans Athenes, parce qu'il n'avoit pas d'Homere. Pouvez-vous aprés cela, interrompit Clarinte, ne convenir pas qu'en toutes sortes de professions le temps est un tresor ineſtimable quand il eſt bien employé. Mais n'eſt-ce pas aſſez, dit Meliſſe, de vivre pour ſoy, pourvû qu'on ne nuiſe à perſonne. Nullement, dit Clarinte, & il faut de neceſſité vivre auſſi en quelque ſorte pour autruy, comme pour ſoy-même. Ce qu'il y a de remarquable, dit Tiſandre, quoy qu'un peu pareſſeux, c'eſt que je ſuis forcé d'avoüer que la nonchalance n'a jamais eſté ny loüée, ny deffenduë par nul des grands Hommes de l'Antiquité. La raiſon de cela, repris-je, c'eſt qu'elle eſt nuiſible à toutes ſortes de gens, & à toutes ſortes de profeſſions. En effet, dit Clarinte, des domestiques paresseux sont insupportables, les plus nobles Artisans de même, un homme puissant & riche possedé par la paresse laisse aller toute sa maison en décadence, on le trompe, on le vole sans qu'il s'en doute, & il ne s'aperçoit de rien. La pluspart des jeunes gens du monde qui passent toute leur vie dans des plaisirs ruineux, & qui ne veulent jamais s'occuper à rien d'honneste, ny d'utile, perissent enfin par la nonchalance voluptueuse : Un Magistrat paresseux fait bien souvent autant d'injustice par la paresse, qui est presque toujours accompagnée d'ignorance, que par un sordide interest, ou par une lâche complaisance pour la faveur. La paresse, ajoûta-t'il, peut même nuire à ceux qui nous annoncent les veritez de la Religion, car on en voit qui se contentant de quelques talens naturels qu'ils ont reçûs en naissant, negligent d'étudier, & pensent que parce qu'ils ont plû une fois, ils plairont toute leur vie ; cela n'est pourtant pas ainsi ; puisqu'il faut qu'un homme de cette profession se fasse par une étude laborieuse, un fonds inépuisable de belles & bonnes choses tirées de l'Ecriture, qui est une source qui ne tarit jamais, s'il veut que son éloquence soit comme le Nil, qui aprés avoir arrosé l'Egypte, laisse l'abondance par tout où il a passé. Vous pouvez ajoûter, reprit Tisandre, qu'un Autheur paresseux ne corrige rien, il croit que les autres qu'il pense estre moins éclairez que luy ne verront jamais les negligences qu'il connoît, & il arrive même souvent qu'il laisse dans ses écrits des fautes qu'il reprend dans ceux des autres. Mais que dirons-nous, reprit Clarinte, ou que ne dirons-nous pas de ces meres nonchalantes qui abandonnent leurs filles à des gouvernantes paresseuses, qui par une mauvaise éducation deviennent elles-mêmes nonchalantes comme Melisse, & même quelquesfois coquettes. Ah pour cela, s'écria Melisse, je m'y oppose; car à parler en general les Coquettes sont diligentes, & les paresseuses ne le sont pas souvent : Ne voyez-vous pas, poursuivit-elle, que pour estre Coquette avec succés, il faut estre vive, enjoüée, brillante, aller & venir par le monde, courir les Bals, les Opera, les Comedies, regarder de tous les costez avec art, tous ceux qu'on veut captiver, & avoir mille petits soins ridicules, dont les nonchalantes comme moy sont incapables. Je demeure d'accord, reprit Clarinte, que vous n'estes pas Coquette, mais je connois des nonchalantes qui le sont, & qui le sont plus dangereusement que beaucoup de diligentes ; car par nonchalance elles écoutent tout ce qu'on leur dit, sans se donner la peine de s'y opposer : En un mot, ajoûta-t'elle, il y a des Coquettes de toutes sortes, d'enjoüées, de mélancoliques, de spirituelles, de stupides, d'évaporées, & même de prudes, qui quelquesfois n'en sçavent rien, & qui ne laissent pas de l'estre. Et puis, ajoûta Clarinte, il y a encore une chose à remarquer, c'est qu'il est bien plus difficile à une nonchalante de se corriger qu'à une Coquette diligente ; car ordinairement l'âge augmente la nonchalance, & diminuë la Coquetterie. En effet, comme les Coquettes qui ont de l'esprit voyent

voyent que les femmes les plus accomplies, & si vous voulez les plus fidelles à ceux à qui elles peuvent avoir promis quelque affection, ne trouvent point d'hommes qui ne leur donnent mille sujets de plainte, & qui soient veritablement constans, il est impossible qu'elles n'ayent pas cent dégoûts par les mêmes choses qui ont fait leurs plaisirs. En effet elles s'entre-dérobent continuellement leurs conquestes, les Beautez naissantes les font desesperer, & l'on peut dire qu'elles haïssent mille choses sans en aimer veritablement pas une; de sorte qu'à la fin elles se détrompent de leur fausse felicité, & puis quand elles ne quitteroient pas la coquetterie, les Galants les quiteroient, & il vient un temps où elle ne peuvent plus estre coquettes : mais pour la nonchalance, comme elle dépend purement de la volonté de la Nonchalante, elle dure ordinairement toute la vie, & il est tres-difficile, si l'on ne s'en corrige pas jeune, de s'en corriger dans le declin de l'âge. Avoüez du moins, reprit Telamon, que les paresseux ne sont pas aussi souvent coquets que les empressez. J'en demeure d'accord, repris-je, mais c'est que generalement parlant les nonchalants n'ont pas le cœur tendre ; l'amour & la negligence ne peuvent durer long-temps ensemble, & le froid de la paresse éteint l'ardeur de cette passion. Mais de grace, interrompit Melisse, dites-moy si la langueur apartient à la paresse. Elle est quelquesfois, dit Clarinte, une pure affectation toujours blâmable, & quelquesfois aussi, elle est un effet d'une ame passionnée ; mais cette langueur se trouve pourtant plûtost en une personne nonchalante qu'en une autre ; car quoy que l'Amour soit un Tyran, il ne change guere le temperamment de ses sujets, il s'en sert sans le détruire. Mais n'y a-t'il pas des occasions, dit Melisse, où la diligence est plus blâmable que la paresse ; car un diligent à mal faire est plus dangereux qu'un paresseux à faire le bien. Ce n'est pas la diligence qui est blâmable, dit Clarinte, c'est l'action en elle-même; mais le paresseux à bien faire merite précisément d'estre blâmé pour sa paresse, & l'on peut dire que s'il est moins coupable que le diligent dont vous parlez, il est pourtant moins excusable; car naturellement dés qu'on est assez heureux pour avoir formé le dessein de faire une bonne action il y faut courir, puisque la paresse fait quelquesfois perdre l'occasion de la faire, ou du moins en oste tout l'agrément. Je voudrois bien encore sçavoir, reprit Melisse, en quel rang vous mettez ces Dames qui se font attendre par tout, qui arrivent toujours les dernieres ; & qui par consequent attirent les yeux de tout le monde quand elles paroissent. Si ces Dames là sont fort belles, reprit Clarinte, tenez pour certain que la vanité les fait agir ainsi pour se faire regarder, ou desirer, selon les lieux où elles vont, & qu'une fausse gloire a autant de part à cette paresse apparente que la paresse même, quoy qu'il y en ait qui sans vanité & sans affectation en usent de cette sorte par pure nonchalance. Pour la guerre, dit Poligene, la paresse n'y vaut rien ; j'ay assez vêcu pour le sçavoir ; elle n'est bonne ny pour les soldats, ny pour les Officiers, & la diligence doit estre inséparable de la valeur, conduite toutesfois par la prudence ; estant certain que la sagesse vaut souvent mieux que la force trop impetueuse, & l'on a vû quelquesfois dans une même Armée des temeraires & des nonchalans punis également, pour des actions toutes contraires. Mais enfin un General d'Armée sans vigilence n'est propre qu'à se faire battre, & qu'à estre surpris, quoy que ce soit à luy à surprendre les autres. Un Ministre d'Estat paresseux sert bien mal son Maistre, car c'est proprement à luy à tout voir & à tout sçavoir pour l'en instruire, & quiconque est dans un poste si élevé, doit ce me semble ne s'endormir jamais qu'en pensant à son devoir. Cela est fort bien dit, repliqua Telamon, mais soit par paresse ou autrement, je ne voudrois pas estre dans un employ si penible: & je ne puis oublier deux Vers qui sont en la bouche d'un grand Roy dans une Tragedie d'Euripide, qui dit en parlant de sa condition:

A tort on porte envie au rang que nous avons,
Car pour le meriter les peuples nous servons.

Mais n'est-ce pas un grand

plaisir à un Roy, reprit Poligene, qui sçait qu'on le regarde comme le pere de son peuple de pouvoir se dire à luy-même qu'il a merité ce glorieux titre. Quoy qu'il en soit, dit Nerée, je suis du sentiment de Telamon, quoy que je ne sois pas paresseuse. Pour moy, dit Melisse, je ne comprends pas comment les premiers Roys l'ont voulu estre, & si j'avois esté à leur place, j'aurois mille fois mieux aimé obeïr toute ma vie que de commander, pour me charger volontairement de tous les soins qui suivent la Royauté ; car toute paresseuse que je suis, je conviens que tous ceux qui ont des emplois s'en doivent acquiter avec honneur, & Telamon & moy ne demandons autre chose que la permission de ne rien faire, puisque par la liberté de nôtre codition nous ne sommes obligez à rien qu'à vivre tranquilement selon nostre humeur. Ah! Melisse, s'écria Clarinte, le plaisir de regner glorieusement est bien grand, & je m'étonne qu'une sujette de Loüis Quatorziéme puisse parler ainsi. Au contraire, repliqua-t'elle, c'est la gloire du Roy qui me fait voir la difficulté qu'il y a de bien regner; car en voit-on un pareil dans l'Histoire de nos voisins, ny dans la nostre, ny dans celle de tous les siecles?

Croyez-moy Clarinte, ajoûta-t'elle, les miracles n'arrivent pas souvent, & si l'on pouvoit voir dans toute l'estenduë des siecles passez & à venir les Rois feneants d'un costé, & de l'autre les diligens à remplir tous leurs devoirs, Loüis le Grand seroit precedé & suivy d'un tres-petit nombre, sans estre égalé par aucun; & je ne vous dissimule pas que quand j'entends dire tout ce qu'il fait, ou pendant la guerre, ou pendant la paix, j'ay quelque honte de ma paresse, & l'admiration que j'ay pour luy me fait faire plus de reflexion sur ma negligence que vous ne pensez, quoy qu'il n'y ait nul raport entre les devoirs d'un grand Roy, & ceux d'une personne de mon sexe, & il me prend quelquesfois envie de croire qu'on ajoûte à la verité. Non, non, dit Poligene, que vostre paresse ne se fasse pas un si foible retranchement, le Roy est mille fois plus grand que tous ses Panegyriques ne vous le montrent, & depuis qu'il a commencé de regner par luy-même tous les plaisirs joints ensemble ne l'ont jamais retardé d'un moment pour ses grandes entreprises; on luy a vû quitter dans sa plus belle jeunesse les jeux, les ris, & les Amours pour aller affronter les plus grands perils malgré la rigueur de la plus rude saison, & il ne s'est jamais démenty de cette heroïque conduite. Il s'accommode sans peine à la necessité des affaires, & ne veut jamais que les affaires s'accommodent à luy, regardant toujours la justice & la gloire pour la regle de sa vie. Quand il est à la guerre il se resoud sans peine à changer les heures de son repos, de ses repas, de ses conseils ; pour pouvoir estre par tout ; il s'abaisse, & s'il est permis de parler ainsi, il s'égale en quelques occasions avec les Officiers de son Armée, & se familiarise même avec les soldats, mais d'une familiarité toute Royale en les connoissant, en les faisant bien assister quand ils font malades, & en les recompensant quand ils se sont distinguez, & l'on peut assurer sans flaterie qu'en quelque lieu qu'il soit il est l'ame de ses Armées & de son Estat, comme le Soleil l'est de l'Univers. Cesar dans le grand besoin qu'il avoit de ses troupes pour réunir en sa personne toute l'autorité de la Republique Romaine, en parlant à ses soldats les appelloit Compagnons, pour leur donner du courage ; & Auguste commandant à des sujets se contentoit de les appeller soldats, pour mieux conserver le caractere de sa grandeur ; mais le Roy n'a nul besoin de harangue militaire pour animer ses Troupes, son exemple suffit pour leur faire entreprendre les choses les plus difficiles, & cette noble fierté accompagnée d'un air libre & dégagé qui paroist sur le visage du Roy à la guerre, leur est un présage de la Victoire, qui leur fait assez mépriser le peril sans les y exhorter par des paroles : mais ce qu'il y a d'admirable, c'est que ce même Prince si brave, si propre à la guerre, si heureux en toutes ses entreprises, par des motifs d'une vertu toute heroïque a déja donné plusieurs fois la paix au monde, & en dernier lieu vient d'accorder une Trêve generale en faveur de l'interest de la Chrestienté, qui luy devra son salut, puisqu'en renonçant à ses propres conquestes, il borne celle des Infidelles, & montre assez par une si admirable conduite qu'il est toujours prompt à pardonner, & lent à punir, ce qui est le veritable caractere d'un Heros Chrestien. Je conviens de tout ce que vous dites du Roy, reprit agréablement Melisse en se levant, & j'ay tant de peur que Clarinte & Poligene n'aillent chercher parmy les vivans & les morts quelques Princesses, ou quelques Dames diligentes pour m'en faire la peinture ; que toute paresseuse que je suis j'aime mieux me promener que de m'exposer à estre plainement convaincuë que la paresse est un grand defaut en une personne de mon sexe. Deffendez-vous donc, Telamon, comme vous pourrez, ajoûta-t'elle en le regardant nonchalemment, car je ne veux plus vous deffendre. Ah! Madame, s'écria-t'il en la suivant, si vous m'abandonnez je suis perdu, & j'aime mieux estre diligent à vous suivre, que de demeurer icy pour estre vaincu par des gens qui ne me feroient point de quartier dés que vous n'y seriez plus. Non, non, dit Clarinte en riant, & en se levant comme le reste de la Compagnie, vous ne nous échaperez pas, & nous sçaurons poursuivre des ennemis

ennemis qui fuyent, au lieu de se soumettre genereusement ; car dans une guerre juste c'est aux rebelles à poser les armes, & à demander pardon. Mais à qui sommes-nous rebelles, reprit Melisse en tournant negligemment la teste vers Clarinte? A la raison & à la vertu, repliqua cette aimable femme, à qui vous obeïssez en toutes choses, excepté en celle que nous vous reprochons. Cette Conversation entre-coupée, où chacun continua de parler selon son humeur, fut tres-agreable, on se promena fort tard, les Hautbois joüerent admirablement ; le repas du soir fut encore plus magnifique que ce-

Tome I. V.

luy du matin ; la Lune nous éclaira pour le retour, Nerée & Telamon revinrent avec moy, & malgré tout ce que nous avions dit, Telamon rêva la moitié du chemin, & sembla ne se vouloir pas corriger : Mais je suis pourtant fortement persuadée que Melisse & luy feront quelque reflexion sur cette Conversation, & que s'ils ne se corrigent ils en auront du moins quelque envie.

DE
LA TYRANNIE
DE L'USAGE.

UNE Dame de grande qualité d'une Province éloignée, belle, jeune, & de beaucoup d'esprit, appellée Roselie, n'estoit jamais venuë à Paris, parce qu'ayant perdu son pere & sa mere au berceau, on l'avoit confiée à une Tante qu'elle avoit, qui avoit un fort grand merite, mais qui eſtant mal ſaine n'avoit pas eſté en eſtat de l'amener à la Cour. Cette aimable perſonne eſtant mariée vint à Paris, & eut la curioſité de voir toutes les Maiſons Royales, & en general tout ce qu'il y a de rare & de curieux dans la premiere Ville du monde, ou aux environs. Comme elle eſt tres-agreable, & qu'elle eſt parente de pluſieurs perſonnes de la premiere qualité hommes & femmes, il y eut preſſe à faire des parties avec elle ; car la Dame auprés de qui elle avoit paſſé ſon enfance, & le commencement de ſa premiere jeuneſſe, ayant eſté long-temps dans le monde, Roſelie n'avoit nul air d'une Provinciale ; de sorte que se connoissant à toutes les belles choses, elle aimoit la Musique, la Peinture, les beaux Jardins, & en un mot tout ce qui peut raisonnablement plaire aux yeux ou à l'esprit. Aprés avoir esté enchantée de toutes les beautez de Versailles, soit pour les Bastimens, les Jardins, les Eaux, & la magnificence des Meubles, charmée de tous les agrémens de Saint Cloud, & même surprise de la vaste & belle veuë de Saint Germain : aprés, dis-je, s'estre promenée plusieurs fois aux Thuilleries, Roselie qui n'avoit pas songé à voir le Louvre, le regardant comme une ancienne beauté negligée, s'avisa pourtant un jour d'y aller avec trois de ses Amies, & deux hommes de beaucoup d'esprit, & même d'un esprit cultivé. On luy montra donc le Louvre tel qu'il est, on le luy representa tel qu'il a esté, & on luy fit même entendre ce qu'il sera si quelque jour le Roy veut en achever le dessein, qui est le plus grand dessein qui fut jamais. Mais comme elle fut à l'Apartement des Bains, où l'on voit les Portraits de tous les Rois de France & d'Espagne, & d'un grand nombre de Reines & de Princesses de toutes ces diverses Cours, elle s'estonna de l'extrême diversité de leurs habillemens, & se trouvant un peu lasse, elle proposa de s'aller entretenir en un lieu d'où l'on découvre & la Ville & la campagne, & dont tous les objets sont magnifiques ou agreables ; & comme elle avoit l'esprit remply de ce qu'elle venoit de voir, & qu'elle disoit toujours les choses d'un air divertissant : Je vous avouë, dit-elle à une de ses Amies appellée Dorinice, que je ne puis assez m'estonner de l'excessive & bizarre diversité d'habillemens que nous avons veus; car enfin il me paroist qu'en inventant une mode en quelque siecle, & en quelque Nation que ce soit, on n'a deû avoir pour but que de la rendre propre à la magnificence, & à tâcher de faire qu'elle sieye bien : Cependant cela n'est pas ainsi, car il y a de si ridicules habillemens parmy ces Peintures, que les plus belles personnes paroissent presques laides. Il me semble même, ajoûta-t'elle plaisamment, qu'il y a en chaque siecle une mode de phisionomie, comme d'habillemens. Cela est fort bien remarqué, dit Themiste, & si l'on prend garde à Clodion le Chevelu, à Clovis, à Clotaire le Cruel, qui fit tant massacrer de ses plus proches parens, & qui eut six femmes, à Chilperic si méchant, quoy que de temps en temps il fist le devot, & à

je

je ne sçay combien de Dagoberts, & à plusieurs autres des premiers temps, on verra en effet qu'ils sont fort differens en phisionomie de ceux des derniers siecles. Cela est fort bien remarqué, dit Perinthe, & le siecle de Charlemagne cómence à changer d'air; car ce Prince estoit de fort bonne mine. Celuy de François Premier, reprit Roselie, & la suite des Valois, (ajoûta-t'elle, ont encore quelque chose de plus poly. Cela est certain, reprit Celinte, mais il faut avoüer que quoy que Henry Quatre dans ses Portraits, & dans ses Statuës, ait un air guerrier & humain tout ensemble qui plaît beaucoup, & que Loüis

Treize fuſt fort bien fait, le Roy, dans cette longue ſuite de Roys, les efface tous, ſoit en beauté heroïque, en grandeur, en majeſté, & en charmes inexplicables; & dans cette grande quantité de Portraits que nous venons de voir vous n'en verrez aucun qu'on luy puiſſe comparer. En un mot il les ſurpaſſe en tous ces avantages exterieurs, comme en toutes ſortes de vertus militaires ou pacifiques, & il paroiſt enfin eſtre le Roy de tous ces Rois. Tout le monde convint de ce que dit Celinte: Mais, interrompit Dorinice, l'uſage ne fait pas cette diverſité de phiſionomie, c'eſt la nature. Il y contribuë du moins, repliqu'à Themiste, car c'est l'usage qui rend tout un siecle grossier, ignorant & rustique, ou qui le rend sçavant & poly, & c'est pour l'ordinaire l'esprit & les mœurs qui donnent l'air & la phisionomie rude ou douce; car tous les hommes naissants avec les mêmes organes, c'est l'usage étably pendant leur éducation qui les rend tels qu'on les voit. De grace, dit Roselie à Themiste, répondez à ma premiere pensée, pourquoy a-t'on inventé de si bizarres habillemens, & comment a-t'on suivy ceux qui les ont inventez? C'est Madame, reprit Themiste, la Tyrannie de l'usage, si l'on peut parler ainsi, qui a fait cela en dépit du bon sens;

car il n'y en a point de si puissante, ny de si universelle. En effet, tout le monde luy cede, les sages luy resistent quelque temps, & se rendent les derniers; mais ils se rendent enfin, & ils ne seroient pas même sages de luy resister toujours. Vous m'en direz ce qu'il vous plaira, dit Roselie, mais il y a lieu de s'estonner qu'on invente des choses si opposées. On voit même par ces Peintures que de temps en temps les Dames ont voulu imiter les hommes; car on en voit qui ont des fraizes aussi bien qu'eux; cependant c'estoit un usage tres-incommode, sur tout en Esté. Les femmes à Venise, reprit Themiste, se font bien délivrées de cette incommodité là, car elles ont tout le sain entierement découvert. Cela est vray, reprit Perinthe, & les Espagnoles au contraire ont les épaules toutes nuës belles ou laides, & elles ont pourtant des manches si longues & si étroites qu'on ne sçait jamais si elles ont les bras beaux. Encore, dit Roselie, si la commodité se trouvoit à tous ces habillemens antiques j'aurois patience, mais ces vertugades & ces vertugadins dont on garde encore quelque usage en Espagne, sont les plus bizarres machines du monde. Mais ce qui m'estonne le plus, ajoûta-t'elle, c'est la diversité des coiffures; car tantoſt on ne voit preſques pas de cheveux, tantoſt on en voit de tout droits ſur une eſpece de moule de fil d'archal qui laiſſe voir les oreilles, ce qui n'eſt pas toujours un fort bel objet; tantoſt on ne porte que ſes propres cheveux nonchalamment rangez: Une autre mode vient en ſuite qu'on n'en porte que d'empruntez, ajuſtez avec un art qui n'imite point la nature. Mais ſans aller dans les ſiecles éloignez, pourſuivit-elle, j'ay oüy dire qu'autrefois c'eſtoit une incivilité au commencement du Regne du Roy d'entrer en une viſite ſerieuſe avec une coiffe ſur ſa teſte, ou d'aller en cornettevoir ses Amies, & qu'on en faisoit de grandes excuses. Cela est vray, dit Dorinice, mais ce qui m'estonne le plus est que celles qui ont des visages longs & étroits, sans nul embonpoint, se hastent de prendre la mode de celles qui l'ont rond, qui ont de belles jouës, le cou bien fait, & la gorge belle. Cela vient de ce que j'ay dit, reprit Perinte, de cette tyrannie de l'usage. En effet, dit Celinte, peut-on luy resister, & ne seroit-on pas plus déguisée si on s'opiniâtroit à estre singuliere en son habillement, quelque avantageux qu'il pût estre, qu'on ne l'est à suivre l'usage, quoy que desavantageux à ce que l'on est; & si un Courtisan s'avisoit de porter un de ses longs chapeaux à petit bord, dont j'ay vû à des Balets avec des Aigrettes toutes droites, des plumes de Heron, un cordon de demy pied de large, de grosse broderie d'or & de perles, on se moqueroit de luy, quoy que cela le fist paroistre plus grand. Et qui verroit au contraire porter des toques plates, des toques rondes, & d'autres encor montrer leur teste chauve, comme on en voit dans ces anciens Portraits que nous venons de voir, on passeroit pour extravagant; & pour moy, quoy que la nouvelle coiffure me donne un air un peu rude, que les rubans trop sur le devant de la teste ne me sient pas bien, que je n'aye pas les cheveux laids, je les coupe sans regret pour estre à la mode. Je luy cede aussi, dit Roselie, parce que je suis persuadée qu'il ne faut estre singuliere en rien, mais je ne luy cede pas avec excés, ny avec diligence. Une chose assez curieuse à remarquer, dit Perinthe, c'est que l'habit le plus modeste des femmes de toutes les Nations, est celuy des Sultanes du Serrail du Grand Seigneur, car on leur voit fort peu de cheveux, elles ont la gorge cachée, & n'ont jamais les bras découverts, & toutes les autres Turques, outre tout ce que je viens de dire, sont voilées. Cela est fort bien remarqué, dit Themiste ; mais la jalousie a introduit cet usage en ce païs-là, car les hommes ne souffriroient pas une autre mode ny à leurs femmes, ny à leurs esclaves. Vous m'en direz ce qu'il vous plaira, reprit Roselie, je m'estonneray toujours des modes bizarres en habillemens. Je vous assure, Madame, reprit Themiste en riant, que la Tyrannie de l'Usage s'estend même aux païs où les hommes n'ont pas d'habillemens, & que c'est plûtost un effet de l'usage, que de la chaleur du païs, car le Soleil les brûleroit moins s'ils estoient habillez. C'est porter cette Tyrannie bien loin, dit Roselie en riant aussi, je pense pourtant que vous avez raison. Mais de tous les usages ridicules qui furent jamais suivis, reprit Celinte, c'est celuy que j'ay vû dans un Livre de Voyages, qui marque qu'en je ne sçay quel païs les maris gardent le lit quand leurs femmes sont accouchées, & je conviens qu'il faut que vostre Tyrannie de l'Usage ait introduit celuy-là, car la raison & la nature y repugnent absolument. Je vous assure encore une fois, Madame, reprit Themiste, que ce n'est pas en cela seulement que l'usage est un Tyran, car il l'est en toutes choses. Comme la belle Architecture, ajoûta-t'il, est venuë tard en France, tous les vieux Châteaux de nos peres, dont on en voit encore quelques-uns, estoient des manieres de cachots, les portes estoient basses & étroites, les murailles épaisses, & les fenestres si petites qu'à peine y pouvoit-on passer la teste, & on m'a fait voir une fenestre grillée à Savigny qui n'a qu'un pied en carré, qui estoit cependant à la chambre de la Maistresse d'un de nos Rois. Mais ce que vous dites, reprit Themiste, estoit plûtost une ignorance de la Nation, qu'un effet de l'usage. L'illustre Mansar, reprit Dorinice, a pourtant fait voir en France ce que c'est que la belle Architecture. Cela est vray, reprit Perinthe, mais il estoit reservé au Roy de faire paroître en effet des chefs-d'œuvre d'Architecture; nous en voyons les regles anciennes & modernes dans de grands & beaux Livres; mais rien de veritablement grand n'a esté executé que quand le Roy a esté luy-même l'ame de ses bastimens; & ce qu'on voit à Fribourg, à Strasbourg, pour les fortifications, & en dernier lieu à Versailles, prouvent assez ce que je dis; sans parler des Invalides, & de ce qu'on fait à Saint Cyr pour ce grand & Royal établissement des pauvres Demoiselles du Royaume, qui est universellement loüé de tout le monde. Cela est en effet fort loüable, dit Roselie, car de jeunes filles mal élevées sont en de plus grands perils que les jeunes Gentilshommes ; & il seroit fort à désirer que toutes les grandes & heroïques qualitez du Roy devinssent en usage pour tous les Rois qui le suivront ; mais on n'oseroit l'esperer qu'en la seule personne de Monseigneur. L'usage, reprit Themiste, se trouve à la guerre comme ailleurs, & je suis persuadé, ajoûta-t'il en soûriant, que c'est luy qui a en partie changé la fronde de David, & la massuë d'Hercules en fabres & en bombes. Mais les bombes, repliqua Perinthe, font une nouvelle invention dont le grand ufage ne peut devenir fort commun; car il n'y a que le Roy feul qui puiffe l'employer avec un grand fuccés, & faire tomber les bombes fur fes Ennemis comme la grefle tombe du Ciel: Mais la chofe du monde où l'ufage eft le plus abfolu, & où il devroit moins l'eftre, c'eft fur les Ouvrages de l'efprit, & fur les mots & les expreffions des Langues. Que font devenuës, pourfuivit Themifte, ces paroles qu'on trouve dans les vieux Livres François, pieca ja', jadis, en dementiers, pour dire, mais cependant, de grands moyens, pour dire de grands biens, ains, ainçois, maints & mainte, qu'on ne souffre plus qu'en grands Vers & rarement, & cent autres que je ne raporte pas. Tout cela, reprit Roselie en riant, est demeuré avec les Triolets, & les Anagrammes des vieux Gaulois. N'a-t'on pas vû, reprit Perinthe, l'usage faire faire une foule de Rondeaux, parce que Voiture les avoit ressuscitez, car ils estoient morts avec Marot & Melin de Saint Gelais. Ne voit-on pas même que la fameuse défaite des Bouts-Rimez de Sarrazin ne les a pas exterminez entierement, & qu'il en renaist tous les

les jours, les Pointes & les Antitheses ont aussi esté bannies depuis long-temps. Mais ne voyez-vous pas, dit Dorinice, qu'au lieu de ces mots que l'usage avoit introduits, & qu'un autre usage a bannis, on voit naistre de nostre temps le grand air, le bel air, le bon air, le sçavoir faire, le fameux faire attention, si suivy, & quelquesfois si mal placé, l'expression de manege, qui a quité la chevalerie pour devenir une expression figurée des Courtisans adroits ; celle d'un bon commerce, qu'on a dérobée aux Marchands, pour exprimer que ceux à qui on l'aplique sont gens avec qui on peut vivre commodement. Le même usage nous a encore donné le mot de vif, qu'on ne connoissoit pas il y a dix ans, & qu'on met presentement à propos, & hors de propos; car on n'entend autre chose, sinon il est vif pour ses Amis, il a de la vivacité pour ce qu'il aime, & cela se varie de cent manieres differentes. Mais, reprit Roselie, puisque le mot de maniere vous est échapé, définissez-le moy parfaitement; car on dit mille fois elle a des manieres fines, des manieres nobles, des manieres delicieuses, des manieres agreables, des manieres brusques, contraintes, dégoutantes, grossieres, choquantes, & autres semblables en bien ou en mal, & le bon & le mauvais air ne signifient-ils pas la même chose. Je ne le crois pas, répondit Celinte, & le mot de maniere dit beaucoup davantage que celuy d'air; le dernier ne signifie que je ne sçay quoy qui paroist en un instant, que la nature donne, que la Cour perfectionne, & qu'on ne peut bien définir: Mais les manieres font entendre que toutes les paroles, & que toutes les actions de la personne à qui on les attribuë sont agreables, plaisent, & doivent plaire. On peut avoir bon air, poursuivit-elle, sans nul art, & sans y penser; mais pour avoir les manieres charmantes, il s'en faut faire une heureuse habitude, la raison y a sa part, & la nature toute seule ne les peut donner. Il y a donc de la difference, dit Dorinice, entre les façons & les manieres. N'en doutez pas, dit Rosolie, les façons ont un grand penchant à estre prises en mal, & hors de dire de quelque personne fort jeune ; elle a les plus jolies façons du monde, pour exprimer quelques graces purement naturelles, ce ne peut estre une loüange ; car façonniere est une veritable injure, & je mettrois volontiers les façons avec les minauderies ; mais pour l'expression de maniere elle est noble, & elle exprime naturellement ce qu'elle veut faire entendre soit en bien, soit en mal. Ce que Roselie dit est fort delicatement exprimé, dit Themiste, & l'on peut encore ajoûter, qu'on se sert de cette expression fort heureusement pour exprimer les differentes manieres des Peintres. Mais de grace, reprit Roselie, puisque nous sommes en humeur de raisonner sur la politesse de nostre langue, faites-moy bien entendre ce que c'est que l'ascendant, car j'ay un Amy qui met l'ascendant à tout. Comme la belle Dorinice a dit fort agreablement, repliqua Themiste, que la chevalerie a introduit le mot de manege, & qu'on a emprunté des Marchands le mot de commerce, l'Astrologie ordinaire a fondé celuy d'ascendant dont vous parlez, & c'est en renverser souvent le veritable sens; mais cette expression n'estant pas d'un usage aussi frequent que celles dont on a parlé, parce qu'il y a peu de personnes à qui on la puisse justement appliquer, il ne la faut pas tant approfondir. Il est pourtant vray qu'il y a certains esprits superieurs aux autres, qui par je ne sçay quelle noble confiance qu'ils ont en leur propre merite, se rendent maîtres de la Conversation par tout où ils se trouvent, & qu'ils ont même un ascendant universel sur tous ceux avec qui ils ont quelque affaire à traiter. Cela se trouve encore quelquesfois estre un des grands avantages de la beauté, & j'ay vû dans ma premiere jeunesse une Dame qui faisoit le plus grand ornement de la Cour, triompher de toutes les autres beautez blondes ou brunes, par cet ascendant dont on vient de parler ; car un certain air de confiance, de fierté, & d'une noble audace, luy attiroit tous les regards quand elle alloit au Bal, où elle vouloit toujours arriver la derniere, aussi bien qu'à ces Sermons où la mode & la cabale causent quelquesfois la foule autant que l'éloquence des Predicateurs ; car ce n'est jamais le grand nombre des Auditeurs qui peut juger équitablement de la beauté des Sermons : En un mot la Tyrannie de l'Usage est si grande qu'elle s'estend jusques aux choses les plus saintes ; Mais pour n'imiter pas cet usage peu respectueux, il ne faut parler que des usages ordinaires. D'où pensez-vous, ajoûta-t'il, que viennent ces vices qu'on attache à certaines Nations, les Loix ne les authorisent en nulle part ; cependant l'yvrognerie, par exemple, n'est pas une inclination naturelle, ce n'est que l'usage qui l'a introduite parmy les Peuples qu'on en accuse ; il en est ainsi des autres

tres déreglemens ; & pour pouvoir parler avec plus de liberté des siecles fort éloignez, la raison ne pouvoit pas avoir étably parmy les Egyptiens l'extravagante coûtume de representer leurs Dieux avec des figures de bestes, il faloit de necessité que leurs faux Docteurs abusant de la simplicité des peuples eussent introduit ce ridicule usage ; & pour prouver que ce ne pouvoit estre que cela, les habitans de la Thebaïde du même temps se moquoient des Egyptiens & des animaux qu'ils adoroient, & ils soûtenoient avec raison que rien de mortel ne pouvoit estre Dieu, & que celuy qui l'estoit, qu'ils appelloient *Cnef* en leur langue, n'avoit point eu de commencement, & n'auroit jamais de fin. Il est vray, reprit Perinthe, que puisque dés ce temps-là il y avoit des peuples capables de connoître un seul Dieu, il est juste de conclure que l'usage introduit malignement par quelques raisons de politique, avoit fait recevoir cette folle coûtume dont vous venez de parler, & je suis persuadé que ceux à qui il appartient de pouvoir établir & authoriser l'usage, doivent autant songer à regler leur imagination que leur jugement, parce que c'est elle qui leur presente les fausses images qui les seduisent, & qui les portent à favoriser des coûtumes impertinentes. Je suis encore persuadé, ajoûta Themiste, que s'il y a eu des Amazones, ce fut le caprice de l'usage qui les fonda ; car la nature & la raison ne veulent pas que les Dames soient exposées aux fatigues de la guerre, puisqu'elles sçavent vaincre par leurs propres charmes, sans s'exposer contre toute bien-seance & contre toute raison : On pardonne à Homere sa Pentasilée, à Virgile sa Camille, à l'Arioste sa Bradamante & sa Marphise, & au Tasse sa Clorinde ; ce sont de belles figures dans des Tableaux faits à plaisir, dont on peut avoir vû quelques originaux tres-imparfaits en toute l'estenduë des siecles : Mais de s'imaginer un grand Empire d'Amazones, cela est assez difficile à concevoir, ou s'il y en a eu, l'usage, par quelque bizarre cause l'a indubitablement fondé, comme je l'ay déja dit. Je vous assure, dit Roselie en riant, que l'usage presque par tout le monde a étably une coûtume qui n'est pas toujours commode aux Dames ; car selon les justes loix de la Religion, les femmes doivent estre les compagnes de leurs maris : cependant l'usage est assez étably, que la gloire des honnestes femmes consiste à les reconnoître pour maistres absolus ; & en effet, soit parmy les Chrétiens, les Mahometans, ou les Idolâtres, parmy les Barbares, où parmy les peuples civilisez cela est ainsi, excepté en ce bizarre païs, ajoûta-t'elle en riant, où les hommes sont en couche au lieu de leurs fêmes. Ce n'est pas, poursuivit-elle, qu'il n'y en ait quelques-unes qui sont les maistresses absoluës de leurs maris ; mais quand cela est ainsi, il leur en coûte leur reputation : mais pour moy qui en ay un parfaitement honneste homme, je ne veux que du credit auprés de luy, & il m'en donne autant que j'en veux avoir. Toutes n'ont pas le même avantage, dit Dorinice en soûriant, & je n'oserois m'en vanter; mais je me soûmets sans peine à l'usage dont vous parlez. Je n'en dis pas tout à fait autant que vous, répondit Celinte, car je me soûmets par raison, mais ce n'est pas toujours sans chagrin. A ce que je voy, dit Themiste, voila l'usage bien étably, puisque de Trois Dames qui sont icy, il n'y en a pas une qui n'éprouve son pouvoir en une chose tres-considerable. Mais cependant il faut avoüer que le Christianisme est tres-avantageux aux Dames, & que l'usage presques par tout ailleurs les mal-traite cruellement: Car de quel droit le

Grand Seigneur retient-il trois ou quatre cens femmes enfermées dans son Serrail, & par quelle justice tous les Grands de sa Cour ont-ils autant de femmes qu'ils en peuvent nourrir, la nature, ny la raison ne peuvent authoriser cette coûtume, & ce n'est que la Tyrannie de l'usage que la volupté dépravée authorise, qui a étably cette multiplicité de femmes, & la captivité des Sultanes du Serrail. Les Dames ne sont guere plus heureuses en la Chine & au Japon, dit Perinthe, par la jalousie excessive de leurs maris, dont ils ne se cachent pas. En effet, ajoûta-t'il, au lieu d'apprendre à danser aux Da-

Z iiij

mes de ce païs-là, & à marcher de bonne grace, on leur ferre les pieds en naiffant avec des bandelettes qui les eftropient de telle forte qu'elles ne peuvent fe promener, ny s'éloigner de leurs maifons, de forte que les maris n'ont qu'à les faire garder chez eux. Du moins, dit Dorinice en soûriant, les maris jaloux de ce païs-cy déguifent leur jaloufie quand ils le peuvent, & prennent d'autres pretextes de fe plaindre de leurs femmes, comme de leur exceffive dépenfe en habillemens, & au jeu. Mais le grand jeu aux Dames, reprit Rofelie, eft encore un déreglement de l'ufage; car comme generalement parlant elles ne peuvent augmenter le bien de leurs maisons que par une honneste épargne, n'ayant pas d'employ pour en acquerir, il n'est pas juste qu'elles le dissipent par un jeu excessif. Parce que vous n'aimez pas à joüer, reprit Dorinice, vous en parlez comme les maris en parlent; mais la pluspart des femmes si elles ne joüoient pas ne pourroient faire nulle dépense, & il y en a qui ne subsistent que du jeu. Je plains fort ces Dames là, reprit Roselie, & je les trouve en grand danger, si ce n'est qu'elles soient assurées de gagner toujours; car une Dame malheureuse au jeu, & qui perd plus qu'elle ne peut payer sans son mary, est exposée à de tres-bizarres avantures; cependant cet usage est en beaucoup de lieux; mais pour moy je veux que le jeu soit un amusement sans chagrin, & qu'on puisse toûjours dire chez soy ce qu'on a perdu, parce que dés que la perte est assez grande pour en faire un mystere, je blâme la Dame, & je la trouve exposée à plus d'une sorte de peril. Mais les grandes joüeuses, dit Celinte, disent que quand elles joüent petit jeu elles joüent sans plaisir. Qu'elles en choisissent donc un autre, repliqua Roselie, puisqu'il y en a sans doute à meilleur marché, l'Opera, la Comedie, la Musique, la promenade & la Conversation, ne peuvent jamais apauvrir, ny échauffer le sang jusqu'à détruire la beauté, & le trop grand jeu est un commerce, & n'est pas un divertissement. En effet, ajoûta-t'elle en riant, un Marchand qui apprend qu'un Vaisseau qui luy revenoit des Indes a esté pris par des Pirates, n'est pas plus irrité ny plus affligé que quelques joüeuses le sont quand elles ont beaucoup perdu, & j'en connois une que je n'ay jamais pû corriger du grand jeu, qui quoy qu'assez belle naturellement, devient laide quand elle a fait une grande perte. Elle dit à son retour chez elle qu'elle est malade pour cacher son chagrin, elle gronde tout le monde, sans en excepter son mary, elle trouve que ses domestiques font tout de travers; elle reprend ses enfans sans sujet, quoy qu'ils soient fort jolis; elle ne veut rien payer de ce qu'elle doit, & feroit volontiers mourir tous ses domestiques de faim pour joüer. Tout le monde en connoît quelqu'une de cette espece', dit Themiste, & je plains & les Dames & leurs maris de ce déreglement là; mais il y a lieu d'esperer que la Tyrannie de l'Usage ne fera que le tolerer en quelques Dames, & ne le rendra jamais universel.

Mais le jeu excessif des hommes n'est-il pas blâmable, reprit Celinte. Tout excés, répondit Themiste, est generalement parlant digne de blâme ; mais le grand jeu des Dames est sans excuse, & celuy des hommes en peut avoir; car à la guerre & à la Cour il y a des occasions de grand jeu, où la bien-seance, & quelquesfois même l'ambition engagent les Officiers & les Courtisans ; de sorte qu'on ne le peut pas blâmer aussi universellement qu'aux Dames ; Mais il y a une suite assez ordinaire du grand jeu qui a toujours esté blâmée, & qui le sera toujours, c'est la fourbe & la tromperie que le grand jeu a fait naiſtre; car on ne ſe ſeroit jamais aviſé de vouloir tromper pour peu de choſe: il eſt vray que cela ne peut jamais eſtre un uſage public, quoyqu'il ait pourtant fait mille efforts pour le devenir; & ſi le Heros qui a ſi ſagement banny les Duels ne l'avoit reprimé par une juſte indignation, il ſe ſeroit étably. Mais ſçavez-vous bien, interrompit Perinthe en ſoûriant, qu'il y a une Tyrannie de l'Uſage qui eſt particuliere à la France, & à quelques Eſtats voiſins, & qui, ſelon toutes les apparences, durera toujours. De grace, dit Dorinice, apprenez-là nous: C'eſt celle de mettre des mouches ſur le viſage des belles, reprit Perinthe en riant, car l'Antiquité ne l'a jamais connu, & l'Affrique & l'Asie ne le connoissent pas encore, & cet usage qui est si universel aux lieux où il est étably, n'a nul fondement en la nature; il est sans plaisir & sans utilité, & je suis persuadé que la premiere mouche du monde de cette espece, fut mise pour cacher quelque legere rougeur du teint de quelque belle personne, & que son miroir luy ayant dit que le noir en relevoit la blancheur, elle en mit en suite sans nul sujet; de sorte que cette premiere mouche a fondé des millions de mouches à perpetuité. Durant quelque temps, ajoûta Perinthe, les meres severes voulurent s'opposer à cet usage ; les Predicateurs parlerent contre, mais enfin l'usage est demeuré le maistre absolu, & elles sont en paisible possession de toutes les beautez de la plus belle partie de l'Europe: Et pour porter la passion des mouches aussi loin qu'elle peut aller, ajoûta Perinthe, on a inventé certaines coiffes semées de mouches volantes, si l'on peut parler ainsi, en faveur de celles qui n'osent en porter d'appliquées sur leur visage; de sorte que comme je viens de le dire, les mouches regnent paisiblement. Tout ce que vous venez de dire est fort plaisamment pensé, reprit Roselie,

Roselie en riant, & je ne m'imaginois pas qu'on pût faire une si jolie Histoire des mouches, pour ne pas dire une si delicate Critique. Pour moy, dit Dorinice, je les souffre, & j'en mets quelquesfois, mais je ne les aurois pas inventées. Les Estrangers, dit Themiste, qui viennent des païs où cet usage n'est pas étably, sont fort surpris de voir un essaim de mouches sur le visage d'une Dame; car il y en a qui en mettent une si grande quantité, qu'on peut se servir de cette expression. Ah! pour celles qui en mettent trop, dit Roselie, ou qui les placent bizarrement, elles se trompent si elles pensent qu'elles leur sient bien.

Encore, reprit Celinte, s'il n'y avoit que les jeunes & belles personnes qui s'en servissent on auroit patience, mais on en voit de laides, de vieilles & de bazannées, qui en ont plus que les autres. Le rouge dont les Dames se servent, poursuivit-elle, a plus de fondement que les mouches; car quand il est bien mis il imite du moins la nature, & pour estre bien il faut qu'on ne s'en apperçoive pas; car dés qu'on le connoît il passe presque pour fard, & une femme fardée est un objet fort desagreable. Il y a pourtant des pays, reprit Themiste, où la Tyrannie de l'Usage l'a établyꝭ comme en Espagne, quoy que ce soit la plus dangereuse coûtume du monde, car le fard vieillit avant l'âge toutes celles qui en mettent long-temps. Pour moy, dit Roselie, je n'ay jamais mis ny blanc, ny rouge, ny n'en mettray de ma vie. Vous en parlez bien à vostre aise, reprit Celinte, vous qui avez le plus beau teint du monde. Mais le fard, reprit Roselie, ne le fait pas beau à celles qui naturellement ne l'ont pas, & le dessein qu'elles ont de plaire n'a garde de réussir, car elles font mal au cœur, & je ne puis assez m'estonner que l'usage ait pû s'en établir en quelque part, car le fard est également detesté des Maris

& des Amans, & de quiconque a de la raison. Mais que dira Themiste, reprit Celinte, de ces gens de Canada, & de quelques parties des Indes où les peuples se peignent, où pour mieux dire se barboüillent de blanc, de rouge, de vert & de jaune. Je diray, reprit-il, que c'est un des plus bizarres effets de la Tyrannie de l'Usage, & que ce sont des Barbares qui le suivent. Mais encore, dit Roselie en adressant la parole à Themiste, pour tirer quelque utilité de vostre Tyrannie de l'Usage, que vous nous avez si agreablement representée, dites-nous jusqu'où il s'y faut soûmettre, & s'il faut qu'en l'âge où je suis je me fixe pour toujours à ma forme de vie, à mes habillemens, à mon langage, & qu'univerſellement parlant je ſois toujours ce que je ſuis à cette heure. Nullement, Madame, reprit Themiſte, & je ſoûtiens même qu'il faut ſe renouveller pour conſerver ſa reputation; car ſi on s'opiniâtroit à ſuivre préciſément les manieres de ſa premiere jeuneſſe, on ſe trouveroit étranger en ſon propre pays; & un François de quatre-vingts ans ſe trouveroit preſqu'auſſi different d'un François de vingt-cinq, qu'un Americain l'eſt d'un Europeen. Mais que faut-il donc faire, reprit Dorinice? Je vous l'ay déja dit, repliqua Themiſte, il faut se renouveller soy-même, mais par raison, & peu à peu, & en cela il faut imiter la nature; car à le bien prendre nous ne sommes jamais precisément les mêmes depuis le premier moment de nostre vie jusqu'au dernier, & il se fait en nous un changement qui nous est imperceptible. Cependant il faut resister avec force à tous les usages criminels; mais pour tous les indifferents, il faut s'y accommoder avec prudence, & ne les suivre jamais ny trop tost, ny avec excés, & tâcher de les redresser doucement, quand on a assez de reputation dans le monde pour le pouvoir faire avec succés; & c'est pour cela qu'il est de si grande importance que les Rois, les Princes, les Magistrats, les peres de famille, & mêmes les personnes de grand esprit & de grande reputation ne donnent que de bons exemples; car l'imitation est le ressort le plus puissant dont l'usage se sert pour établir sa tyrannie; car ceux qui ne se conduisent pas par raison se laissent conduire par l'imitation, & pourvû qu'ils puissent dire qu'ils font ce qu'un autre fait, ils sont en repos de leur conduite. Cela est vray, dit Dorinice en se levant, & si j'avois eu le malheur d'avoir des Amies peu raisonnables dans le commencement de ma vie, je sens bien que j'en aurois peut-estre imité quelques-unes qui parlent assez legerement des defauts d'autruy. Toute la compagnie se levant comme Dorinice, loüa fort Themiste de leur avoir apris le pouvoir de la Tyrannie de l'Usage, & forma le dessein de luy resister en tout ce qui pouvoit blesser la vertu ou la bien-seance. Mais aprés tout, ajoûta Roselie, il faut se tenir pour dit que dans deux ou trois cens ans nos habillemens paroistront aussi bizarres que ceux que nous avons vûs nous le paroissent, mais ceux qui les blâmeront ne nous feront non plus de mal que nous en faisons aux Princes qui ont porté ceux qui ne nous plaisent pas.

DE

DE LA COLERE.

DE grace, dit la sage Pasithée à la belle Arpalice, dites-moy s'il est vray que la colere d'un de nos Amis, qui s'estoit engagé à une partie de campagne avec vous, ait esté aussi extraordinaire qu'on le dit: car comme ma Niece, ajoûta-t'elle en soûriant, & en regardant Clariste, y est un peu sujette, je seray fort aise que vous me representiez la colere de celuy dont je parle avec les couleurs qui luy conviennent. Mais ma colere, reprit agreablement Clariste en soûriant aussi, ne fait jamais mal qu'à moy-même, & l'on dit tout le contraire de celle d'Agenor. Toute la compagnie, qui estoit composée de personnes choisies, soit pour les Dames, ou pour les hommes se joignit à Pasithée, pour obliger Arpalice de raporter cette avanture. Imaginez-vous donc, dit cette aimable femme, qu'un de mes parens que vous connoissez tous, m'avoit priée d'aller pour trois jours à sa belle maison de campagne, & comme la journée est un peu grande, j'acceptay l'offre qu'Agenor me fit de m'attendre à une maison qu'il a precisément à moitié chemin, où je laisserois mon carrosse & mes chevaux, & me servirois de son équipage. Je ne mis pas tout à fait sur mon compte l'offre qu'il me fit, car je menois avec moy une belle fille, qui est ma parente, dont on sçait qu'il est fort amoureux, & qu'il pretendoit épouser. Il nous reçût chez luy avec beaucoup d'honnesteté, & nous donna un grand repas ; mais nous remarquâmes qu'une sœur qu'il a, qui faisoit les honneurs de sa maison, le craignoit fort, & que tous ceux qui servoient trembloient dés qu'il les regardoit. Il fit même une chose que l'exacte civilité ne permet pas; car il gronda tout haut son Maistre-d'Hostel sur ce que l'entre-mets n'estoit pas assez diversifié, ny assez délicat, & sur ce qu'on attendit un moment à servir le fruit; disant même des choses assez dures pour un homme du monde qui a de l'esprit ; mais j'attribuay cela à la passion qu'il a pour Cleone, devant qui il vouloit que tout allast admirablement bien chez luy; de sorte que je l'excusay, & peut-estre que Cleone luy en sçût bon gré. Une heure aprés avoir dîné nous partîmes ; je remarquay avant que de monter en carrosse qu'il avoit un attelage parfaitement beau; je luy avois toujours vû des chevaux noirs mediocrement beaux, & je luy voyois six chevaux gris pommelé admirables. Comme je sçay que Cleone est naturellement peureuse en carrosse, je luy demanday si ce n'estoient pas des chevaux neufs, & sans me dire ny oüy, ny non, il me dit seulement que je n'eusse point de peur, qu'il avoit le meilleur cocher du monde, & qu'il n'avoit jamais versé. Nous montâmes donc en carrosse Cleone & moy, & je remarquay qu'il fut dire quelque chose à son cocher d'un air menaçant; je sçûs le lendemain qu'il luy avoit dit qu'il prît bien garde à luy, & que s'il nous versoit il s'en repentiroit toute sa vie. J'ay sçû encore que ce qui le faisoit parler ainsi, estoit que son Cocher luy avoit dit le matin qu'il y avoit un de ses chevaux neufs fort ombrageux, & qu'il luy conseilloit de le changer, ou de luy donner le temps de le corriger avant que de s'en servir; mais comme l'amour l'aveugla, & qu'il ne pût se resoudre de rien changer à ce qu'il m'avoit offert, il se moqua du discours de son Cocher. Un Valet de chambre à cheval en menoit un en main, car nous devions aller le jour suivant à la chasse avec des Dames du voisinage de celuy chez qui nous allions. Nous allâmes donc fort bien jusqu'au milieu d'une grande plaine, où malheureusement un cheval mort se trouva au bord du chemin du costé qu'estoit le cheval ombrageux, qui dés qu'il l'apperçût se cabra avec tant de violence qu'il rompit les resnes qui le tenoient, & se détachant même du timon, courut à travers champs à toute bride ; le Postillon fut renversé, & le Cocher surpris & saisi de frayeur, à cause des menaces de son Maistre, ne pouvant retenir les autres chevaux effrayez ; nous versâmes sans qu'il y eust de sa faute. Une des vitres fut brisée en cent pieces, & un morceau de cette glace égratigna la main gauche de Cleone; de sorte qu'Agenor voyant la belle main de sa Maistresse sanglante, car elle avoit tiré son gand pour racommoder quelque chose à sa coiffure, la fureur s'empara de son esprit, & ne sçachant ce qu'il faisoit il se jetta hors du carrosse, & mit l'épée à la main pour aller sans doute à son cocher; mais ce pauvre mal-heureux se croyant mort s'il ne fuyoit, monta diligemment sur le cheval de main dont j'ay parlé, car le Valet de chambre qui le menoit nous voyant

DE LA COLERE. 297
versez estoit décendu en diligence pour aider à nous relever, & avoit baillé les deux chevaux à tenir à un laquais qui estoit parent du cocher; si bien que ce garçon ne luy disputant pas ce cheval, il se mit à fuyr avec une vîtesse incroyable. Tous nos laquais & le Valet de chambre ayant relevé le carrosse, Agenor mit sa Maistresse à terre en luy demandant mille pardons, & me laissant dans le carrosse sans me regarder, monta sur le cheval du Valet de chambre, & courut à toute bride toujours l'épée à la main aprés le cocher, ou pour le ramener, ou pour le tuer s'il ne vouloit pas revenir; mais comme le

cheval que montoit le cocher estoit beaucoup meilleur que l'autre ; & qu'il avoit eu quelques momens d'avance, il ne le put joindre ; car ayant passé un bac qu'il avoit trouvé prest à partir. Quand son Maistre arriva au bord de la riviere le bac estoit de l'autre costé, de sorte qu'Agenor fut contraint de retourner sur ses pas. Mais comme pendant qu'il couroit comme un furieux il passa un carrosse vuide devant nous, qui par bon-heur alloit passer devant la porte de la maison où nous allions, je persuaday à Cleone, aprés avoir vû que sa blessure n'étoit rien, & avoir envelopé sa main de son mouchoir, de nous servir de ce carrosse en donnant de l'argent au cocher, qui accepta nostre offre avec joye, & je chargeay le Valet de chambre d'Agenor de luy dire que nous l'allions attendre ; qu'il vint à cheval nous trouver ; & que nous luy demandions la grace du cocher s'il le ramenoit. Ce garçon tout tremblant nous dit qu'il n'oseroit luy dire cela, & je fus contrainte de le faire écrire par Cleone sur un morceau de lettre, avec un crayon que je porte toujours sur moy. Vous pouvez penser quel chagrin eut Agenor de n'avoir pû ramener ny punir son cocher, & de ne nous trouver plus ; sa fureur fut si terrible qu'il batit tous ses gens sans sçavoir pourquoy; il voulut même tuer ce malheureux cheval échapé qu'un de ses laquais avoit repris, mais le laquais le laissa aller & s'enfuit luy-même. Agenor leut pourtant ce que Cleone avoit écrit, & cela l'apaisa un peu, comme nous le sceûmes le lendemain. Il fut si honteux de son emportement, qu'il pensa ne venir pas nous trouver; mais comme il vit un peu de sang sur ce petit morceau de papier, où nous n'avions pas pris garde qu'il y en eut, cela luy donna de la curiosité, & l'inquietude de sçavoir si la main de sa Maîtresse estoit fort blessée, & le determina à venir à cheval où nous estions,

& a laisser son équipage à la conduite de ceux qu'il venoit de battre, sans leur donner nul ordre. Il avoit encore l'esprit si troublé de colere qu'il s'égara, & nous ne l'attendions plus. Je fus la premiere qui l'aperçûs par une fenestre quand il décendit de cheval, & je vis qu'il avoit encore la fureur dans les yeux ; le maistre de la maison fut le recevoir ; & comme la blessure de Cleone n'estoit rien, & qu'un peu de baume qu'on y avoit mis en avoit arresté le sang, & appaisé la douleur, nous estions toutes disposées à nous moquer de la colere d'Agenor. Cleone me dit même tout bas qu'elle n'épouseroit jamais un homme de temperamment colere; qu'elle laisseroit à ses parens le soin de s'informer de la qualité & du bien de celuy qu'ils luy destineroient, mais que pour elle, sans leur en parler, elle s'informeroit s'il estoit colere, ou s'il ne l'étoit pas, & prendroit sa resolution selon cela. Agenor s'étant rassuré sur ce que mon parent luy avoit dit que la blessure de Cleone estoit presque guerie, & qu'elle ne souffroit plus de mal, entra plus tranquilement que je n'eusse crû, & comme il a bien de l'esprit, quoy qu'un peu emporté même sans colere, il nous demanda mille fois pardon, & nous voulut persuader qu'il eust esté tres-coupable s'il eut pû voir sans émotion la belle main de Cleone couverte de sang par la faute d'un de ses gens ; il trouva même moyen de parler à Cleone sans estre entendu que d'elle, & je suis presque persuadée que quelquesfois la colere est contagieuse ; car Cleone, qui est naturellement fort douce, & qui avoit écrit ce que j'avois voulu, s'irrita de tout ce qu'il luy dit ; & comme elle prit sur le champ la resolution de s'en défaire, elle se servit de toutes les occasions qu'il luy en donna pour l'éloigner d'elle. Le lendemain on ne fut point à la chasse à cause de Cleone, dont la main s'estoit un peu enflée la nuit; on joüa, & Agenor parut encore fort colere au jeu, quelque effort qu'il fist pour s'en empescher. Les gens d'Agenor qui vinrent le trouver le jour suivant conterent aux nostres la fureur de leur maistre ; Cleone le sçût, & pour conclusion elle le pria de ne songer plus à elle, & il en fut si irrité qu'il partit un matin dés la pointe du jour, sans dire adieu à personne, & je ne croy pas qu'il ose jamais retourner voir sa Maistresse. Quand il fut party, & que je voulus un peu appaiser Cleone, parce que ce party-là est tres-avantageux pour elle du costé du bien, la colere la prit, toute douce qu'elle est ; quoy, dit-elle, dit-elle, vous voudriez que j'épousasse un homme qui dans une partie de plaisir, & pour un accident le plus ordinaire du monde veut tuer des hommes & des chevaux, & qui devient si furieux qu'on ne le peut reconnoistre; jugez de grace ce qu'il feroit s'il devenoit jaloux: Non, non, dit-elle avec un chagrin fort agreable, je ne veux point de mary colere, j'en aime mieux un infidelle, un prodigue, & même un avare, qu'un furieux. On peut se vanger d'un infidelle en le méprisant; on peut aider à un prodigue à manger son bien, & avoir sa part du plaisir, & conserver du moins sa vie avec un avare, dans l'esperance d'estre riche s'il meurt le premier ; mais avec un homme colere comme Agenor, il tuëroit sa femme dans un festin, comme Alexandre tua un de ses Amis. En un mot je ne pus rien gagner sur Cleone. J'envoyay un de mes laquais ordonner à mon cocher de m'attendre à un lieu que je luy marqué, & mon parent me donna son équipage pour l'aller joindre. Nous sceûmes qu'Agenor n'avoit pas passé chez luy, & qu'il estoit revenu à Paris tout droit, & depuis cela nous ne l'avons pas vû. Il faut avoüer, dit Pasithée, que voila un horrible emportement. Je conviens qu'il est trop fort, dit Poliandre, qui est naturellement colere, mais il faut pourtant avoüer qu'un homme fort amoureux qui voit sa Maistresse blessée, sans sçavoir bien precisément si elle l'est beaucoup ; qui la voit sans secours, & hors de pouvoir de la mener en lieu pour en trouver, & tout cela par la faute d'un de ses gens, ne seroit pas excusable d'estre tranquile. Je demeure d'accord, dit Lisimene, que la tranquilité n'eût pas esté à sa place, mais il faloit commencer à se repentir de n'avoir pas crû son cocher lors qu'il luy avoit conseillé de ne se servir pas d'un cheval ombrageux ; il ne faloit pas effrayer cet innocent en mettant l'épée à la main, il faloit tout au plus, s'il fuyoit, envoyer le Valet de chambre aprés luy, & l'asseurer qu'on luy pardonnoit, & il faloit demeurer auprés de Cleone pour la plaindre; enfin il ne faloit rien faire de ce qu'il fit, & il faloit faire cent choses qu'il ne fit pas; aussi souhaitay-je pour le punir que son cocher ne luy ait pas rendu son cheval. Vostre souhait ne peut estre accomply, dit Arpalice, car ce pauvre miserable le renvoya le soir même à sa maison de Paris. Mais du moins, dit Clariste, suis-je persuadée que la colere des Dames ne va pas jusques-là. Je conviens, dit Lisimene, qu'elle ne fait pas faire des choses si violentes, mais elle leur en fait faire quelquesfois de plus ridicules. La patience, dit Pasithée, est une des vertus qui sied le mieux à une Dame, elle ne gaste point la beauté, elle s'accommode sans peine avec la modestie de son sexe, elle conserve toute la liberté de la raison, elle n'agrandit pas les sujets de plainte qu'on peut avoir, & sert plutost à appaiser le cœur qu'à l'irriter. Ah Madame ! s'écria Lisimene, que je vous aime de loüer une vertu si necessaire aux femmes, que le destin a fait naistre pour passer presque toute leur vie dans la dépendance de quelqu'un, & de n'estre pas de celles qui se mettent en colere en tout temps, en tous lieux, devant toutes sortes de personnes, & pour toutes sortes de choses ; car il est vray que je ne trouve rien de plus beau que de se mettre au dessus d'une certaine espece de colere d'habitude, où la pluspart des femmes ordinaires sont sujettes, car elle leur fait faire quelquesfois de si bizarres choses, que la folie ne fait guere pis. Il est vray, reprit Pasithée, que c'est une dangereuse coustume à prendre, & pour soy & pour autruy, que de se fâcher aisément. Il me semble, ajoûta agreablement Lisimene, que les belles doivent avoir plus de soin de s'en corriger que les autres ; car lorsque la colere est excessive elle défigure la beauté même. En effet, poursuivit-elle, je vy il y a quelques jours une femme qui devint laide presque en un instant par un emportement de colere, & qui le fut plus de quatre heures. On luy avoit donc donné quelque grand sujet de se fâcher, dit Clariste. Nullement, reprit Lisimene, & cette avanture est aussi bisarre en son espece que celle d'Agenor, & j'ay quelque envie de la raconter. Je vous en conjure, dit Pasithée, en faveur de Clariste. Il est vray, reprit cette belle fille en rougissant, que j'ay quelque disposition naturelle à cette fâcheuse passion; mais je ne pense pourtant pas que je donne jamais sujet à la belle Lisimene de faire un agreable recit des emportemens de mon esprit. Pour moy, dit Poliandre, je ne puis estre en general ennemy de la colere, & je suis persuadé que le même temperamment qui nous y porte fait ordinairement le grand courage, & peut inspirer quelquesfois une vertu qui luy paroist opposée; car ces gens qui sont si insensibles qu'on ne sçait quand on les fâche, ou quand on les oblige, ne sont patiens que par foiblesse, au lieu que le grand courage rend patient par vertu. Il me paroist aisé de répondre à ce que vous dites, repliqua

repliqua Pasithée, mais je seray bien aise que Lisimene nous apprenne ce qu'elle avoit commencé de dire, & puis nous examinerons cette passion en elle-même, car la compagnie me paroist fort propre à cela. Poliandre & Philiste soûtiendront volontiers le party de la colere, Timante qui sçait toutes choses aidera à Lisimene, à Arpalice & à moy, à défendre la bonne cause, & Hermogene tiendra le milieu entre ces deux sentimens; car il est sensible & sage. Mais, reprit Clariste, la sensibilité & la colere sont deux choses fort differétes. J'en conviens, dit Pasithée; mais comme les exemples font trouver en suite les raisons plus fortes, je prie Lisimene de nous dire celuy qu'elle en a vû. Il est vray, repliqua cette aimable femme, que je dois une partie de ma moderation à l'impatience de deux ou trois personnes de ma connoissance, & principalement à celle dont je veux vous parler. Cette Dame, qui est fort vive & fort gaye naturellement, estoit de la plus belle humeur du monde le dernier jour que je la vy ; elle avoit l'esprit libre, enjoüé, complaisant & agreable : Ce qui faisoit une partie de sa bonne humeur, c'est qu'elle s'estoit trouvée le matin plus belle dans son miroir qu'à l'ordinaire, & que deux de ses Amies & moy le luy avions dit, tant qu'une promenade que nous avions faite dans son Jardin avoit duré. En effet, il est certain qu'elle avoit ce jour là le teint plus reposé, les yeux plus brillants, & plus doux, & les lévres plus incarnates. Aprés nous estre promenées elle nous mena dans sa chambre ; mais à peine eut-elle relevé sa coiffe qu'elle se mit devant son miroir pour se confirmer sans doute dans l'opinion avantageuse qu'elle avoit de sa beauté, & ce qu'il y eut de rare fut qu'elle le trouva si effroyablement terny qu'elle ne s'y voyoit que comme l'on se voit à travers un broüillas fort épais ; de sorte que ne démeslant pas d'abord s'il y avoit effectivement du broüillas dans sa chambre, quoy qu'il fist fort beau dans son Jardin, elle se tourna brusquement du costé où nous estions ses Amies & moy, si bien que comme nous vîmes son action chagrine, & que nous devinâmes aisément ce qui la causoit, parce que nous estions vis-à-vis de son miroir aussi bien qu'elle ; nous en rîmes, & je luy dis en raillant que cet accident estoit une punition du plaisir excessif que sa beauté luy donnoit. Mais à peine eus-je dit cela, que je la vis rougir de dépit, & que sans me répondre elle appella brusquement une de ses femmes pour luy demander qui avoit terny son miroir. Mais au lieu de demander cela doucement à cette fille, qui estoit jeune, & qui paroissoit fort craintive, elle changea d'abord de voix, de visage, & d'action; & cette même personne qui un moment auparavant avoit le teint reposé, les yeux doux, & l'air modeste, ne fut plus rien de tout cela; car sans donner nul loisir à cette fille de luy dire ce qu'elle luy demandoit, elle supposa qu'elle avoit tort de s'amuser à le luy demander, & qu'elle le sçavoit bien sans qu'elle le luy dist : Elle ajoûta que c'estoit sans doute qu'elle se croyoit belle, & qu'au lieu de faire tout ce qui regardoit son service, elle ne faisoit autre chose que se regarder dans son miroir. Elle ajoûta d'un air railleur, qu'elle se trompoit en se croyant belle, elle luy demanda pour qui elle le vouloit estre, à qui elle vouloit plaire, & elle luy dit tant de choses hors de raison que je mourois de honte pour cette personne, & pour l'honneur de mon sexe ; & quand cette pauvre fille, toute tremblante, vouloit répondre quelque chose pour se justifier, sa Maîtresse luy deffendoit de parler, & recommençoit de la gronder de quelque nouvelle maniere ; si bien qu'ayant pitié d'elle je la voulus excuser. Mais à peine eus-je ouvert la bouche que la colere de cette Belle irritée changeant d'objet, elle se tourna vers moy, & me dit que si je l'excusois je la ferois si insolente qu'elle ne s'en pourroit plus servir, ajoûtant paroles sur paroles, sans donner le temps à personne de parler. Cependant les lis & les roses de son beau teint se confondirent de telle sorte qu'on ne les discernoit plus du tout ; car elle estoit toute rouge, le blanc de ses yeux n'estoit plus même tout à fait blanc ; & comme elle les a grands naturellement, la colere les faisoit paroître trop grands & trop ouverts. Ils estoient troubles & égarez ; elle regardoit comme si elle n'eût pas bien vû ; sa bouche avoit changé de forme à force de crier, elle redisoit cent fois la même chose, & elle ressembloit bien plus à une Bachante en fureur qu'à ce qu'elle a accoûtumé d'estre : pourtant il ne s'agissoit presque de rien, & il se trouva même qu'aprés qu'elle eut bien grondé, bien crié, & bien dit des extravagances inutiles, elle connut qu'elle n'avoit nulle raison de s'estre mise en colere; car lorsqu'elle estoit décenduë à son Jardin où nous l'avions trouvée, elle avoit ordonné qu'on parfumât bien sa chambre pour son retour, afin d'oster l'odeur du vernix d'un Tableau qu'on luy avoit raporté le matin ; si bien que comme on luy avoit obey trop ponctuellement en brûlant beaucoup de parfums, & d'eau de fleur d'orange, son miroir s'estoit terny ; & comme cette pauvre fille, si bien grondée, n'avoit pas songé à s'y regarder, elle ne s'en estoit pas apperceuë : La Maistresse connut donc à la fin qu'elle n'avoit rien fait de ce qu'elle avoit pensé, & que par consequent elle avoit tort de s'estre tant emportée ; mais quoy qu'elle le connust, le trouble de son ame ne s'appaisa pas encore, au contraire, une secrette honte de sa foiblesse l'irritant tout de nouveau, laissa dans son cœur une disposition à la colere pour tout le reste du jour, elle répondit aigrement à tous ceux qui luy parlerent, elle gronda toutes les femmes qui la servoient, & elle les gronda devant tous ceux qui vinrent chez elle, sans considerer si cela estoit civil ou non, & je croy même qu'elle s'emporta jusqu'à faire une action menaçante à un petit More qui la servoit, parce qu'un colier d'argent qu'il portoit n'estoit pas bien tourné; de sorte que de ma vie je ne fus si surprise que je le fus de voir un si grand emportement pour si peu de chose; & combien la colere avoit changé cette belle personne; enfin j'éprouvay en cette occa-

DE LA COLERE. 323
sion que rien n'est plus propre à guerir de la colere que de la voir en autruy. Vous representez si bien cette bizarre colere, repliqua Clariste, & vous la faites paroistre si ridicule, qu'encore que naturellement je sois capable d'en avoir, je ne puis craindre qu'elle m'oblige jamais à faire rien de pareil; & à vous parler sincerement je trouve la colere excessive d'Agenor beaucoup plus excusable que celle-là. Comme je suis toujours favorable aux Dames, reprit Hermogene en soûriant, je ne suis pas de vostre avis, & une fort belle personne qui au lieu de se voir dans son miroir, ny voit qu'un broüillas qui luy cache

sa beauté, merite plûtost d'estre excusée qu'un furieux comme Agenor ; mais j'avance seulement en faveur de la sensibilité de mon cœur, dont on me fait souvent la guerre, que si on considere cette passion en elle-même on trouvera qu'elle ne merite pas tant de blâme, & que le temperamment qui la cause est celuy qui d'ordinaire donne le grand courage, comme la dit Poliandre. En effet, poursuivit-il, un homme raisonnable ne la fait jamais éclater que parce qu'il est sensible ou à l'injustice, ou à la gloire, puisqu'elle n'est proprement qu'un pur effet de la sensibilité de son cœur, de la delicatesse de son esprit, & de la justesse de son discernement: Car la colere en un homme sans esprit & sans jugement, est plûtost brutalité que colere. En effet, dit Poliandre, le moyen de souffrir une injustice quand on a l'esprit équitable sans en avoir le cœur émû, ou de souffrir une injure sans colére, si on aime la gloire avec ardeur. Il est pourtant à remarquer, dit le sage Timante, que tous les orgueilleux sont fort coleres, & que le veritable magnanime ne l'est pas, parce qu'il n'est jamais surpris de nul évenement, & qu'il se tient toujours preparé aux plus fâcheux qui luy peuvent arriver. On peut même remarquer que presque toutes les passions inspirent des desirs agreables, & que la colere ne peut inspirer que des desirs de vengeance qui ne sont jamais tráquiles; en effet une grande colere se convertit ordinairement en fureur, & la seule difference qu'il y a, c'est que la simple colere passe plus promptement que la fureur qu'elle fait naistre, & l'on peut même dire sans mensonge, que la colere precede toujours la cruauté, quoy qu'elle n'en soit pas toujours suivie, & il ne faut pas trop s'estonner de ce que je dis, puisque ce n'est jamais le plaisir qui la fait naistre, & l'on peut avancer hardiment qu'elle naist presque toujours du dépit & de la douleur. Mais, interrompit Poliandre, ce grand Philosophe que vous estimez tant a parlé avantageusement de la colere, & il a même dit qu'elle donnoit de la vigueur à la vertu. Aristote a sans doute fait trop d'honneur à la colere, reprit Timante; s'il ne l'eût pas authorisée, Alexandre n'eût peut-estre pas tué Clitus, ny fait exposer Lisimachus à la fureur d'un lion; c'est pourquoy on ne sçauroit apporter trop de soin à reprimer la colere de ceux qui peuvent tout ce qu'ils veulent; car lors qu'elle regne dans le cœur de ceux qui regnent sur les autres, elle peut avoir de terribles suites. Ne croit-on pas souvent, poursuivit-il, qu'elle s'oppose à la clemence, & fait quelquesfois passer une vertu heroïque pour une foiblesse. Ne voyons-nous pas encore dás l'Histoire que presques toutes les grandes revolutions des Estats ont eu leur veritable cause dans la colere; & ce qui fait voir combien cette inclination est dangereuse, c'est que ce même Lisimachus, dont nous venons de parler, qui estoit échapé à la colere de son Maistre, & à la fureur d'un Lion, devint dans la suite, quand il vint à regner, & colere & cruel. Ce qui fait, ajoûta-t'il, qu'elle porte à la cruauté est qu'elle agrandit & grossit tous les objets qui la peuvent faire naistre; elle trouble l'esprit, elle aveugle le jugement, elle est de tous les âges, elle naist de toutes choses

ses sensibles & insensibles: la haine, l'amitié, l'amour, les plaisirs même la font naître, & elle s'attache jusques aux bestes, qui ne doivent jamais estre un objet de colere. Les joüeurs y sont plus sujets que les Amans, parce que plusieurs passions se joignent en une, & c'est ce qui fait jetter les cartes & les dez dans le feu, & faire cent choses ridicules & tres-inutiles. Les malades dont le mal affoiblit quelquesfois la raison, se mettent en colere pour des bagatelles dont ils ont honte quand ils se portent bien. Elle est même, si l'on peut parler ainsi, une source inépuisable de querelles, & sa malignité est si grande qu'elle ne peut jamais faire aucun bien, & peut cauſer mille maux; en un mot elle peut ſervir à ſe faire craindre, & ne peut jamais ſervir à ſe faire aimer, & c'eſt ce qui fait que je m'eſtonne qu'on n'aporte pas plus de ſoin à la vaincre. Je ne ſuis pas ſurpris, pourſuivit-il, qu'on trouve de la difficulté à ſurmonter l'amour; car cette paſſion eſt environnée de mille plaiſirs faux ou veritables: je ne ſuis pas non plus eſtonné qu'on ne puiſſe ſe défaire aiſément de l'ambition, qui remplit l'eſprit de mille eſperances agreables; qu'on ait même quelque peine à renoncer à l'avarice, qui fait voir des treſors immenſes à acquerir à celuy qu'elle possedo ; & je ne le suis pas non plus qu'un prodigue continuë de l'estre, car la prodigalité, tant qu'elle dure, produit des plaisirs en foule, & cache la pauvreté qui la doit suivre ; mais pour la colere qui naist & meurt sans plaisir, & qui ne manque presques jamais d'estre suivie de repentir, je ne puis m'empescher d'estre surpris qu'on ne la combatte point. Tout ce que dit Timante est admirable, dit Pasithée. J'avouë ingenument, reprit Clariste, que je n'ay jamais esté en colere que je ne me sois repentie aprés d'avoir dit ou fait quelque chose que j'eusse bien voulu n'avoir ny fait ny dit. Mais du moins, interrompit Poliandre avec un soûris un peu forcé, la colere n'est-elle pas une passion traîtresse, qui se cache au fonds du cœur comme l'envie, & beaucoup d'autres ; elle est sincere, elle est comme le feu qu'on ne peut presques jamais cacher, elle ne trompe que celuy qu'elle maîtrise, quand elle luy fait dire plus qu'il ne veut. Mais contez-vous cela pour rien, dit Arpalice, pour moy je ne suis pas de vostre avis, & ce qui me rend les passions plus redoutables, c'est que je connois bien qu'elles trompent ceux qui en sont possedez : Et ce qui me fait encore haïr la colere, c'est que les gens défians & foupçonneux y font plus fujets que les autres ; car enfin il faut que la colere ait quelque raifon fauffe ou veritable qui la faffe naiftre, & le mal eft que quand la volonté la laiffe croiftre elle va toujours plus loin que la raifon ne veut. Vous affujettiffez donc les paffions à la volonté ; reprit Poliandre. N'en doutez pas, repliqua Timante, car tout eft poffible au fage, comme on l'a dit mille fois. Tous les maux du corps ne font pas volontaires, il faut les fouffrir quand ils viennent ; mais pour toutes les maladies de l'ame, fi la volonté ne les flattoit pas, & qu'elle s'y oppofaft, elles ne feroient jamais fort grandes. Ne trouvez-vous pas, dit Hermogene, que la colere porte à la médifance? Ah! pour cela, dit Clarifte, j'en conviens, & j'avouë à ma confufion, que quand quelqu'un m'a mife en colere, j'écoûte du moins paifiblement ce qu'on dit contre ce quelqu'un-là, & que je puis laiffer dire cent petites chofes que je ne fouffrirois pas qu'on dift fi je n'eftois pas irritée. Pour moy, pourfuivit Arpalice, je trouve que l'occafion la plus honnefte de fe mettre en colere, eft contre ceux qui médifent de nos amis, mais encore faut-il s'y mettre avec moderation, & il ne faut pas à fon tour médire du médifant, & je voy bien que quand la colere pourroit eftre utile, il eft dangereux de l'employer, parce qu'elle eft fouvent plus nuifible à celuy qui s'en laiffe poffeder, qu'à ceux qu'elle veut punir. Encore, interrompit Pafithée, fi les gens fujets à la colere ne s'y mettoient que pour des chofes où ils auroient intereft, & qu'il n'y eût que l'excés qui la rendift blâmable, elle feroit moins injufte, mais ils s'y mettent quelquesfois pour des fujets qui ne les regardent point du tout, & cela me paroift tres-ridicule, c'eft pourtant un defaut ordinaire de tous les opiniâtres qui aiment à difputer. Il eft vray, dit Clariste, que je connois une Dame qui disputa aigrement il y a deux jours en une Conversation où je me trouvay, parce qu'ayant dit qu'une de mes Amies avoit de fort beaux cheveux, elle s'en fâcha, & soûtint avec un grand chagrin qu'elle les avoit trop dorez. Ah! pour celle-là, dit Poliandre, il la faut excuser; car vous parliez devant un homme dont elle craint que vostre Amie blonde ne luy enleve le cœur. Ce qui devroit faire honte, reprit Timante, à tous ces gens qui se mettent en colere presque pour rien, c'est que les bestes ne s'y mettent jamais sans sujet; la faim, la jalousie, ou la deffense de leur

leur vie, sont les seules causes de leur fureur, sans en excepter les Tigres, & ils ne se déchirent jamais les uns les autres de même espece, comme nous voyons que les hommes le font tous les jours. Mais n'y a-t'il pas des professions, reprit Poliandre, où s'il faut ainsi dire, il est necessaire de faire venir la colere par art, quand on ne la peut rendre effective. Un Orateur qui soûtient un innocent contre un criminel, a besoin du feu de la colere pour animer son éloquence. Je ne suis pas de vostre sentiment, reprit Timante, un Orateur emporté par la colere ne dira que des injures, & ne fera rien qui vaille; un grand desir de gloire l'animera plus utilement que la colere, & conservant le jugement, une juste & vive indignation suffira pour donner de l'horreur pour le criminel, & de la compassion pour l'innocent : Mais je demeure pourtant d'accord que la representation de la colere plaist aux plus sages, à qui la colere en elle-même fait horreur. En effet la colere en Vers en la bouche d'un excellent Acteur plaist aux spectateurs; les grands Peintres qui ont representé ce que la Fable nous dit du combat des Lapithes sont fort loüables, quand ils nous la font voir dans leurs Ouvrages; je dis la même chose du grand Poëte qui nous a si admirablement décrit ce combat si extraordinaire. Le Sculpteur n'en fait pas moins quád en representant deux de ces Athlettes dont l'Antiquité se faisoit un plaisir, il peind la fureur sur le front des combatans, mais cela ne donne nul avantage à la colere effective; car le plaisir qui naist de la representation vient de ce que toute imitation parfaite plaist, & c'est sans doute ce qui fait en general le merite des beaux Tableaux, & des belles descriptions: il faut pourtant remarquer que la colere n'a jamais esté representée ny en Vers, ny en peinture pour servir de modele, & qu'ainsi ce que Poliandre a allegué ne sert de rien à la cause qu'il soûtient ; mais ce qui fait beaucoup pour celle que je défends, est de voir le soin qu'ont eu tant de grands hommes de la reprimer en eux-mêmes. Personne n'ignore la patience de Socrate, qui parloit peu dés qu'il se sentoit irrité, & que ce Philosophe admirable, qui fut son plus fameux disciple, ne vouloit pas punir ceux de ses Esclaves qui avoient failly lors qu'il se sentoit en colere. Mais vous convenez du moins, dit Poliandre, que ces hommes si sages avoient un commencement de colere. Je demeure d'accord, repliqua Timante, que pour des hommes particuliers une courte colere sans excés n'est pas vicieuse ; mais il faut pourtant que le sage soit comme la Loy qui punit sans emportement. En effet, il faut qu'un Magistrat ne soit jamais en colere, car cette passion luy feroit faire mille injustices. Il faut qu'un bon Juge plaigne le criminel & haysse son crime sans le haïr luy-même. Mais la haine & la colere sont deux choses differentes, dit Poliandre. J'en conviens encore, dit Timante, mais tres-souvent la colere fait naître la haine, & c'est une des choses qui la rend plus dangereuse. Un pere qui reprend ses enfans le doit faire sans s'emporter ; les maistres qui grondent toujours ceux qui les servent avec emportement sont les plus mal servis. Un homme qui parle avec aigreur à son Amy pour le corriger de quelque defaut, l'irrite & ne le corrige pas, & je ne trouve la colere utile qu'en quelques occasions militaires. Par exemple, quand un General d'Armée voit ses troupes rompuës & fuïr en desordre, il faut les intimider pour les remener au combat, encore y faut-il de la moderation, & les rallier autant par un mouvement de gloire, que par la crainte du châtiment; & pour dire encore quelque chose de plus fort, l'interest même de la Religion ne doit point donner de colere, il faut défendre les Autels avec zele, avec vigueur, & jamais avec emportement ; de sorte qu'on peut dire hardiment que de toutes les imperfections humaines il n'y en a point de moins authorisée par la Religion, ny de moins excusable par la raison naturelle, puisqu'elle n'a nul fondement ny dans l'interest, ny dans le plaisir, & que nous en pouvons asseurément estre les maistres quand nous le voulons fortement. Mais encore, dit Poliandre, que faut-il faire pour la retenir ? Il faut, reprit Timante, se souvenir qu'un sage Philosophe fort âgé ayant demandé à Cesar permission de se retirer, & l'ayant obtenuë luy dit en prenant congé de luy pour luy rendre un dernier service, que quand il se sentiroit en colere il ne dît ny ne fist rien qu'il n'eût prononcé les vingt-quatre lettres de l'Alphabet. Cesar l'entendant parler si sagement le retint par le bras, & luy dit qu'il avoit encore besoin de son conseil, puisqu'il luy en donnoit un si bon, & qu'il revoquoit la permission qu'il luy avoit accordée : Et en effet, generalement parlant, Cesar a esté fort moderé, & ses dernieres paroles à Brutus furent une marque de moderation, lorsque tout percé de coups il s'envelopa la teste pour ne le voir pas le poignard à la main contre luy, se contentant de luy dire, & toy aussi mon fils. Ce que vous dites est tresbeau & tres-bien remarqué, dit Hermogene, mais Cesar se laissa pourtant emporter à la colere aprés la grande & sanglante défaite de Varus; car l'Histoire marque que cette passion le rendit furieux, & que se choquant la teste contre les murailles, il s'écria plusieurs fois, Varus rends-moy mes soldats. Ce que vous dites, reprit Timante, fut plûtost un effet d'une douleur excessive, dont la cause estoit heroïque, que d'une veritable colere. Je n'ay garde de blâmer cette colere, reprit Poliandre, moy qui blâme l'excessive tranquilité de cet autre Prince, qui apprenant la perte du Royaume de Chypre en peignant une perdrix, ne quitta ny la palette, ny les pinceaux qu'il n'eût achevé ce qu'il avoit entrepris de faire avant que cette nouvelle fust arrivée. Ah! pour cette tranquilité là, reprit Clariste, je ne la sçaurois loüer, & la ridicule colere de je ne sçay quel grand Prince qui faisoit foiter la Mer est plus divertissante; aussi bien que celle de Cyrus qui fit diviser un grand Fleuve en tant de ruisseaux. Puisque les bizarres coleres vous divertissent, reprit Hermogene, celle de Caligula vous doit plaire, car il se mettoit en colere quand il tonnoit lorſqu'il eſtoit au Theatre, parce que cela l'empeſchoit de bien entendre de méchans Acteurs qui recitoient de méchantes choſes, mais à tel point qu'il crioit ſouvent en s'adreſſant à ſon pretendu Jupiter, ou détruis-moy, ou que je te détruiſe : Mais ce Prince là eſtoit un monſtre, dit Clariſte. J'en conviens, dit Timante, & c'eſt pour cela que je loüe Auguſte, qui avoit une moderation admirable, & qui en a donné cent marques éclatantes, ſur tout depuis qu'il regna tranquilement. Et c'eſt une grande loüange à donner à ceux qui ont le ſouverain pouvoir, quand ils ſçavent regner sur leurs passions. De grace, dit Clariste, aprés avoir dit tant de belles choses contre la colere, apprenez-moy s'il n'est pas permis de se mettre en colere contre soy-même quand on a dit plus qu'on ne vouloit, ou fait quelque action qu'on se reproche. Pourvû que cette colere soit moderée, reprit Hermogene, qu'elle tienne plus d'un sage repentir, que de l'emportement, qu'elle se renferme dans le cœur sans éclater au dehors, & qu'une honneste honte la tempere, je ne la blâmeray pas, mais je blâme fort ceux qui parce qu'ils ont eu tort s'irritent de toutes choses. Il me semble, dit

Arpalice, qu'on a oublié de remarquer que rien ne fait tant perdre le respect que la colere, & que c'est pour cela qu'il ne faut jamais en avoir contre ses Maistres ; & l'on peut même dire ce me semble que la colere dans l'ame des sujets est une source de rebellion. Cela est admirablement bien dit, reprit Timante, & s'il estoit permis de permettre la colere, il faudroit du moins que ce fust entre personnes égales, car elle est insolente dans le cœur des inferieurs, & fort dangereuse dans le cœur de ceux qui sont au dessus des autres. Mais y a-t'il rien de plus ridicule, reprit Lisimene, que ces gens qui sont tellement sujets à la colere, qu'ils s'irritent quand on leur accorde tout ce qu'ils difent. Cela vient, reprit Hermogene, de ce qu'ils prennent la complaifance exceffive pour une efpece de mépris; & l'on a vû autrefois un homme celebre dire avec chagrin à un autre qui ne le contredifoit pas, parle afin que nous foyons deux. Je ne fuis pas de ce goût là, reprit Clarifte, car la complaifance raifonnable me charme, & la contradiction m'irrite. Mais, reprit Poliandre, n'excufez-vous pas la colere à ces gens accablez de mille affaires, qui s'impatientent contre ceux qui viennent les importuner de longs difcours inutiles pour le plus petit interest du monde. Il faut, reprit Pasithée, leur permettre un peu de chagrin, mais non pas d'emportement. En verité, reprit Lisimene, si on n'a un grand esprit, & un esprit bien fait pour retenir la colere, c'est une dangereuse habitude, sur tout pour les Dames. J'ay vû quelquesfois, ajoûta-t'elle, de belles affligées & de belles larmes, mais je n'ay jamais vû de Belle en colere. Je comprends bien, reprit Clariste, qu'on peut mettre son honneur à resister à la colere en de grandes occasions, parce qu'on s'y peut preparer ; mais le moyen de ne s'emporter jamais en quelqu'une de ces rencontres

inopinées, où la raison n'est point en garde, où l'esprit est surpris, & où le cœur s'émeut sans rien consulter que luy-même. Pour moy, dit Hermogene, tout ennemy que je suis de l'emportement, je ne croiray jamais que la nature nous ait donné des passions qui ne puissent pas avoir un usage innocent, & je suis fortement persuadé que comme on peut avoir de l'amour sans crime, on peut avoir de la colere sans meriter d'estre blâmé, & que ce n'est que l'usage qu'il en faut regler. Et il me semble, ajoûta-t'il galamment en soûriant, que la belle Lisimene est toute propre à estre l'Alcion de la colere, si l'on peut
parler

ler ainsi, & que c'est à elle à qui il faut demander des regles pour appaiser cette tumultueuse passion qui luy déplaist tant, & presqu'à tout le reste de la compagnie. Ce que dit Hermogene est si galamment dit, reprit Pasithée, qu'il merite que la belle Lisimene ne le refuse pas. Je vous assure, repliqua Poliandre, que quelque regle qu'elle fasse contre la colere, j'auray bien de la peine à la retenir. Je suis à peu prés de l'avis de Poliandre, reprit Clariste en riant. Pour moy, dit Artelice, je ne trouveray nulle difficulté à luy obeïr. J'en auray encore moins, reprit obligemment Lisimene, à établir mes pretenduës loix, pour les Dames, puisqu'il suffit de leur dire qu'elles imitent la moderation de voſtre eſprit. En effet, pourſuivit-elle, comme il ne m'appartient pas de regler les ſentimens de perſonne par les miens, & qu'il m'eſt plus aiſé de propoſer des modeles que de faire des loix, je propoſe Hermogene pour l'exemple des hommes, comme je propoſe Arpalice aux perſonnes de mon ſexe; car je ſçay de certitude qu'ils ont le cœur fort ſenſible, & que c'eſt la raiſon toute ſeule qui leur a apris le legitime uſage de la colere. Ah! Madame, s'écria Hermogene, vous ne me connoiſſez pas, car ſi vous ſçaviez

DE LA COLERE. 355

l'excés de la sensibilité de mon cœur en certaines occasions, & combien je me le reproche à moy-même, vous chercheriez dans vostre propre raison ce que vous ne pouvez trouver dans la mienne. Pour moy, ajoûta Arpalice, j'avouë ingenument que je suis assez maistresse de mon esprit, que je sçay assez bien l'art de cacher & de retenir ma colere, & qu'elle ne m'a jamais rien fait dire dont je me sois repentie quand elle a esté passée. Ah! s'écria Lisimene, que je vous suis obligée ; car vous venez de faire ce que je n'eusse jamais fait, je veux dire la plus belle loy du monde ; car si toutes les Dames la suivent elles

Gg ij

ne seront ny grondeuses, ny chagrines; elles ne fatigueront pas continuellement celles qui les servent par des reprimendes trop severes; elles ne se plaindront pas sans cesse de leurs Amies; elles ne s'emporteront du moins pas en compagnie; elles se respecteront elles-mêmes, & elles ne troubleront jamais la douceur & la serenité de leurs yeux par une colere trop impetueuse. Mais si vous ostez tout à fait la colere aux Dames, reprit agreablement Clariste, je ne sçay pas comment elles pourront se faire craindre & respecter de certaines gens dont le monde n'est que trop remply; puisque selon moy, c'est la seule chose qui peut servir à leur deffense. Par exemple, si quelqu'un est assez hardy pour tenir quelques discours à une Dame qui luy déplaisent, je suis assurée que si elle rougit de dépit, & qu'elle fasse voir dans ses yeux quelque marque de colere, que cet audacieux changera de langage, & s'empeschera de continuer de la fâcher, & qu'au contraire si elle est si douce & si patiente qu'elle ne luy donne que de foibles marques de son dépit, il la fâchera tout de nouveau, & portera sa hardiesse jusqu'à l'extravagance. Vous portez la chose trop loin, repliqua Lisimene, car quoy que je sois ennemie de la colere excessive, je permets aux Dames de témoigner une noble indignation, & d'avoir d'une espece de fierté pour les gens trop hardis, qui tienne plus du mépris, que de la colere; en un mot je veux que la rougeur que leur cause la colere ne fasse que les embellir; que cette tumultueuse passion ne déregle jamais leur esprit ; & qu'elles se fassent plûtost respecter par une modeste & serieuse severité, que par un emportement qui ne sied jamais bien à une personne de mon sexe. Voila, ajoûta-t'elle, tout ce que je puis vous dire ; car pour les hommes c'est proprement à Timante à en prescrire des regles, puisque le sensible Hermogene, tout sage qu'il est, s'en est défendu. Aprés tout ce qui s'en est dit, reprit Timante, je n'y puis ce me semble rien ajoûter, si ce n'est qu'un honneste homme ne doit jamais oublier que la colere excessive est le defaut ordinaire de tous les gens foibles, & que comme le repentir est la plus grande mortification de la raison humaine, il faut de bonne heure s'accoûtumer à surmonter une passion qui ne manque presque jamais d'en estre suivie, & de faire haïr & méprifer ceux qui en sont possedez. Mais pour oster toute sorte de pretexte, poursuivit Timante, à ces gens d'un temperemment porté à la colere, qui soûtiennent hardiment qu'on ne peut vivre dans le monde fans eftre forcé d'en avoir & de la témoigner. Je veux montrer à la compagnie, non pas un modele, car on n'appelle point ainfi ce qui ne fe peut imiter, mais un fi grand exemple de moderation, qu'il eft capable de faire honte à tous ceux qui fe laiffent emporter à cette violente paffion. Je devine aifément, interrompit Hermogene, que c'eft du Roy dont vous voulez parler, & je vous avouë par avance qu'il m'a mille fois fait rougir de confufion en remarquant cette tranquilité merveilleufe qu'il conferve en mille occafions,

fions, où nul autre que luy ne la conferveroit ; & fi Cefar dont on a pourtant parlé avantageufement reffufcitoit, il rougiroit comme moy. Augufte même, pourfuivit-il, qui a tiré tant de gloire de fa moderation, fe verroit furmonté par luy pour cette grande qualité, comme il l'eft en toutes les autres. En effet, dit Timante, comme on doit beaucoup plus d'obeïffance & de refpect aux Rois que tous les autres hommes ne s'en doivent les uns aux autres, ils peuvent auffi avoir plus aifément mille juftes fujets de colere : cependant j'avance hardiment que depuis que le Roy regne on ne l'a jamais vû dans aucun de ces excés de colere, que tous les particuliers ont tant de sujet de se reprocher, s'ils repassent sur leur vie ordinaire ; & l'on peut assurer que dans le service public ou particulier, il n'y a pas un de ses Courtisans si facile à servir que luy. Ce n'est pas que dans les grandes occasions il ne soit capable d'une juste indignation, mais il la retient, il l'examine, & il en juge comme de celle d'un autre, & ne la laisse paroistre ny agir au dehors que comme il luy plaist, tant il est maistre de luy-même ; & cette sage moderation est une qualité si loüable, & de si grande consequence pour un Roy qui peut tout ce qu'il veut, que je doute qu'on luy doive preferer la valeur même, toute heroïque qu'elle est; parce qu'au fonds la moderation en ces occasions n'est qu'une grande & suprême justice, qui est proprement la premiere de toutes les vertus, comprenant & embrassant toutes les autres, & sur tout la premiere vertu des Rois; faits pour juger & pour gouverner les Hommes. Ah ! Timante, s'écria Clariste, je renonce à la colere pour toute ma vie, & je croy que tous ceux qui vous ont entendu doivent faire la même chose. Toute la Compagnie loüa Clariste de sa bonne intention, & la Conversation finit par un grand Eloge du Roy, qui dura le reste du jour.

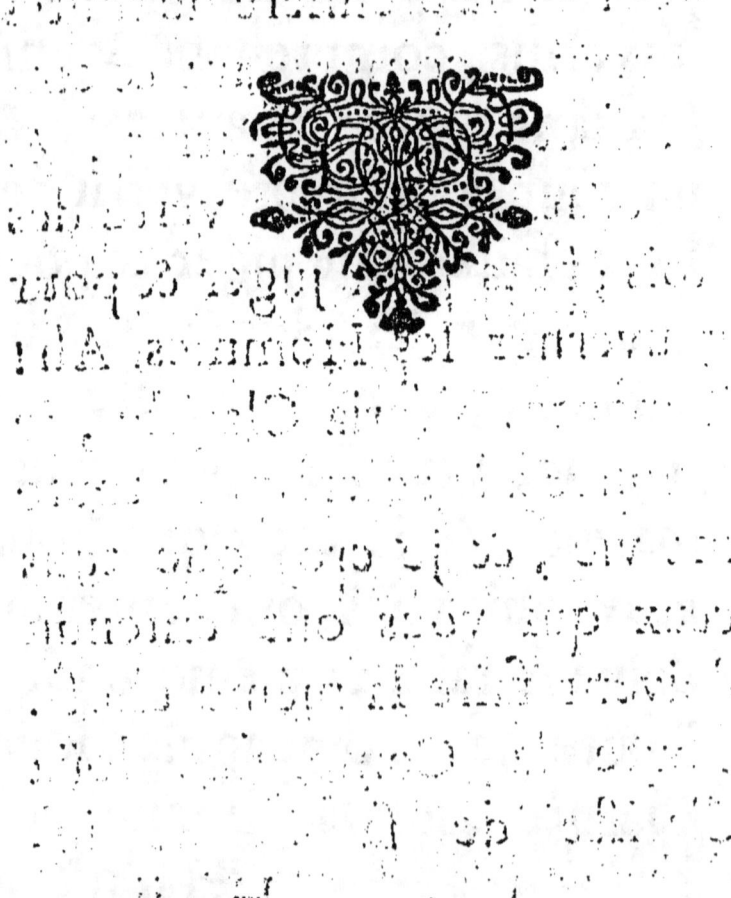

DE
L'INCERTITUDE

TROIS Dames infiniment aimables, & un de leurs Amis ayant resolu de passer le jour ensemble, furent quelque temps en une agreable contestation pour choisir entre la Comedie Italienne, l'Opera, & la promenade ; à la fin ce dernier plaisir l'emporta sur les autres, & Amalthée, chez qui cette agreable dispute se passoit, ordonna qu'on mist les chevaux à son carrosse. Cependant comme ces Dames se preparoient de décendre pour y monter, une des trois, qui s'appelle Amerinte, dit aux deux autres en soûriant, & d'un air infiniment agreable; mais est-il bien certain que nous voulons nous promener? car comme nous avons dans nostre compagnie une Amie & un Amy qui font profession d'Incertitude, j'ay ce me semble raison de le demander. Pour moy, reprit Amalthée, je réponds que j'ay resolu de ne rentrer point à Paris sans m'estre promenée jusques à la nuit. Toute incertaine qu'on me reproche d'estre, dit

Isidore, je consens à la promenade. Et pour ce qui me regarde, reprit Timandre en riant, quand je n'en aurois pas d'envie, je me contraindrois pour une Amie incertaine aussi aimable qu'est Isidore. Mais du moins, reprit la belle & sage Amalthée, faut-il resoudre où nous irons. Vous avez raison, dit Amerinte, mais c'est aux incertains à en convenir. Ne parlez pas pour moy, repliqua Timandre, car je renonce à l'Incertitude pour tout le jour, si ce n'est que je suive celle d'Isidore. C'est donc à vous, dit Amerinte en la regardant, à dire où nous irons, mais je vous demande en grace que vous ne choisissiez pas le Cours, sur tout à l'heure qu'il est, car j'aime à faire un meslange de conversation & de promenade, & le Cours ne le permet guere. Vous avez raison, dit d'abord Isidore : Mais, ajoûta-t'elle aussi-tost aprés, il y a pourtant assez de plaisir quand on est en humeur paresseuse, de se promener en carrosse sans beaucoup parler de suite ; on laisse parler les autres, on ne les écoûte pas, on s'amuse de ce qu'on voit, on laisse la compagnie si la fantaisie en prend, & l'on resve à des choses qui sont à cent lieuës de là. C'est donc, reprit Amalthée, à la plaine de Grenelle, ou au bois de Vincennes que vous voulez que nous allions. Nullement, reprit Isidore, j'aimois fort Vincennes avant que le bois fust coupé ; mais avant qu'il y ait assez d'ombre pour me plaire, je ne seray plus en estat de me promener ; & pour la plaine de Grenelle je ne la trouve belle que quand on y fait des Reveuës. Choisissez donc, reprit Amalthée, quelqu'une de ces belles Maisons d'autour de Paris un peu éloignée, parce qu'on y a plus de liberté qu'aux Tuilleries, & on n'en a pas même assez à Rambouillet. Vous n'avez pas tort, repliqua Isidore, car on y trouve toujours quelques gens de connoissance dont on n'a que faire. Mais sans rien decider, ajoûta-t'elle, montons dans mon carroffe, & laiffons le voftre, mon cocher connoît tous les beaux lieux des environs de Paris, il ne faut que luy commander d'en choifir quelqu'un, & d'aller toujours jufques à ce que nous trouvions quelque endroit qui nous plaife affez pour décendre ; mais foit que nous nous arreftions, ou que nous ne nous arreftions pas, je vous prie de me laiffer la liberté de rêver. Nous vous la donnons, dit Amalthée, mais vous nous ferez plaifir de ne vous en fervir guere, car vous parlez toujours fort agreablement. Cela eft fort bien dit, repliqua Timandre, & il n'y a nul fujet d'incertitude lors qu'il s'agit de loüer la belle Isidore. Il fut donc resolu de se promener au hazard, Amerinte & Amalthée se mirent au fonds du carrosse, & Isidore & Timandre au devant, & le cocher eut ordre d'aller où il croiroit qu'il feroit le plus beau. A ce que je voy, dit Amerinte, le hazard nous a bien placez, car Amalthée & moy, qui sommes ennemies de toute incertitude, nous trouvons l'une auprés de l'autre; & Isidore & Timandre, qui disent souvent que tout est douteux & incertain, se trouvent vis-à-vis de nous. Il est vray, dit Timandre, voyant qu'Isidore ne répondoit pas, que cela est bien partagé; mais si j'eſtois ſeul à ſoûtenir le party de l'Incertitude je ſerois bien-toſt vaincu. Il eſt pourtant fort aiſé de le ſoûtenir, dit Iſidore, d'un air nonchalant, mais pourtant un peu audacieux, car l'incertitude eſt une choſe qui n'eſt pas volontaire, parce qu'elle eſt en quelque ſorte de neceſſité. En effet, dés qu'on veut ſe bien ſervir de ſa raiſon, & s'appliquer à regarder les choſes de prés en elles-mêmes, on connoît qu'on croit fort douteuſement la pluſpart de ce qu'on penſe croire avec le plus de certitude, & que dans la conduite de la vie on ſe laiſſe entraîner par une inclination aveugle, ou à un uſage qu'on suit par pareſſe, ſans ſçavoir pourquoy: mais ſi on ſe donnoit la peine d'examiner bien ſon propre cœur, on ne ſçauroit quelle reſolution prendre. Cela eſt ſi bien dit, reprit Timandre, que tout incertain que je ſuis je me range au ſentiment d'Iſidore ſans crainte de me tromper. N'allez pas ſi viſte, reprit-elle agreablement en ſoûriant, car ce ſeroit renoncer à nos maximes, qui ne nous permettent pas de nous aſſurer trop à nos propres ſentimens. Ah! ma chere Iſidore, interrompit Amalthée, vous me faites trembler, car à qui vous fierez-vous ſi vous ne vous fiez pas à voſtre propre raiſon, ou à celle d'un Amy tel que Timandre, que vous avez choisi. Je vous assure, repliqua-t'elle, que je ne choisis rien, & que l'amitié de Timandre & de moy ne porte que sur quelque conformité de sentimens que nous avons. Mais si cette conformité cesse, dit-elle en riant, nostre amitié pourroit bien cesser aussi, & cela fait que je ne finis jamais les lettres que j'écris par cette protestation si commune d'estre toute ma vie ce que je suis ; car encore que je n'aye pas assez vécu pour faire une fort longue expérience de l'Incertitude du cœur humain, je suis de l'opinion d'un ancien proverbe Espagnol, qui dit:

De las cosas mas seguras la mas segura es dudar.

Il est vray, ajoûta Timandre, qu'entre les choses les plus assurées la plus assurée est de douter comme le dit vostre Espagnol, car qui ne decide rien n'est jamais trompé. Mais, reprit Amalthée, n'est-ce pas estre trompé que de douter d'une chose certaine. Mais surquoy établissez-vous vostre certitude, dit Isidore, on ne juge de rien que par les sens, & les sens nous trompent tous les jours dans les choses les plus communes. En effet, poursuivit-elle, les couleurs de l'Arc-en-ciel que je trouve si belles, & cette agreable nuance du cou des pigeons, ne sont pas des couleurs effectives à ce que m'a fait comprendre Timandre. Les montagnes éloignées que nous voyons d'icy, ajoûta-t'elle, nous paroissent des nuages; une Rame dans l'eau nous paroît courbée quoy qu'elle soit droite; les belles perspectives nous abusent; comment donc, puisque nous ne pouvons pas nous assurer à nos propres yeux, nous assurerons-nous à nostre pretenduë raison, que l'imagination seduit si facilement, & que les passions aveuglent? aussi est-ce pour cela que je m'abandonne à l'incertitude, sans m'attacher fortement

ment à quoy que ce soit. Pour moy, dit Amalthée, je suis absolument opposée à vos sentimens, car je croirois estre folle, & le deviendrois en effet, si je ne m'assurois à rien, & de tous les estats de la vie où l'on se peut trouver, l'Incertitude est le plus cruel ; & cela est si vray, que l'esperance n'a rien de doux pour moy, parce qu'elle est toujours accompagnée de quelque incertitude. Je suis de l'avis d'Amalthée, dit Amerinte, & un malheur certain me donneroit je crois moins de peine qu'une infortune que je verrois toujours preste à m'arriver, sans estre assurée de m'en pouvoir garantir, quoy qu'il ne fust pas impossible. Mais quand l'incertitude de l'esprit, reprit Amalthée, n'auroit point d'autre defaut que d'estre cause de l'inégalité de l'humeur, & de la bizarre conduite de ceux qui en sont capables je ne la pourrois pas souffrir, & nous connoissons tous un homme que l'incertitude de son cœur & de son esprit a rendu ridicule. Ceux qui l'ont vû dans sa premiere jeunesse disent que dés qu'il commença de paroître dans le monde, il crût que pour se distinguer & faire voir qu'il avoit plus d'esprit qu'un autre, il faloit s'affranchir de tous les plus justes devoirs, & suivre son inclination en toutes choses; & doutant de tout ce qui le pouvoit contraindre, il vêcut par sa raison chancelante dans un fort grand déreglement ; cherchant les plaisirs par tout, & ne les trouvant que tres-imparfaits par tout où il les cherchoit. Il est vray, dit Timandre, que Melicrate, que je reconnois à la peinture que vous en faite, a esté tel que vous le representez : mais tous les incertains ne sont pas faits comme luy; car en ne s'assurant pas aveuglement à tout comme vous faites, on ne va pas du blanc au noir, comme Melicrate, qui aprés avoir esté tel que vous le dites, devint tout d'un coup devot jusqu'à la superstition, & prit un air si austere, & devint si sauvage & si rigoureux censeur de tout le reste du monde, qu'un honneste homme Chartreux est bien plus sociable que luy. Mais, reprit Amalthée, quoy que je n'aime jamais l'extremité à rien; comme il avoit esté fort déreglé je luy eusse pardonné son austere retraite s'il y estoit demeuré; mais par un pur effet de l'Incertitude dont vous faites profession, sa devotion se refroidit, & aprés estre devenu de libertin devot, il devint durant quelque temps de devot hipocrite, n'osant se dédire d'abord, & on m'a assuré que dans la Province où

DE L'INCERTITUDE. 381
il s'estoit retiré il redevint libertin comme au commencement de sa vie ; mais que par bonheur pour luy une grande maladie l'a fait mourir avec quelque sorte de repentir, où je ne voudrois pas m'assurer: Jugez donc si l'Incertitude n'est pas une tres-dangereuse chose & pour cette vie & pour l'autre. Comme Amalthée achevoit de parler, le carosse rompit au bout d'une route fort agreable, qui conduisoit à une fort belle maison du sage & sçavant Aristene, que ces quatre personnes connoissoient fort, de sorte qu'estant obligées de décendre, elles furent fort aises que cet accident fust arrivé en un endroit

où l'on pourroit le reparer. Elles furent donc le long de cette belle route, & sans changer de conversation, Amalthée demanda à Isidore & à Timandre s'ils vouloient bien qu'Aristene jugeast de leur contestation. Ah ! Amalthée, reprit Isidore en riant, des gens qui doutent presque de tout ne veulent estre jugez sur rien ; mais nous parlerons pourtant de tout ce qu'il vous plaira ; car les incertains ne sont pas les plus grands ennemis de la complaisance. Je conviens, dit Timandre, de ce que dit la belle Isidore ; car pour estre veritablement complaisant, il faut ne s'attacher jamais fortement à rien, &

c'est ce qui fait que les incertains ne sont pas si souvent opiniâtres que les autres. Mais vous soûtenez pourtant opiniâtrement vostre incertitude, dit Amerinte. Comme Isidore alloit prendre la parole, la porte de la cour s'ouvrit, & Aristene parut sur un Perron magnifique, qui les reconnoissant les fut recevoir avec beaucoup d'honnesteté & beaucoup de joye, & les fit entrer dans une grande sale, & en suite dans une fort belle chambre. Isidore luy dit l'accident qui estoit arrivé à son carrosse, il commanda à ses gens d'y donner ordre, aprés quoy il fit asseoir la compagnie, attendant que le Soleil permît de se promener plus commodément. Mais comme Amalthée vouloit essayer de guerir Isidore de son incertitude qu'elle croyoit dangereuse, elle apprit à Aristene qu'ayant eu une contestation en chemin ils l'avoient pris pour Juge. J'en conviens, dit Isidore ; Mais c'est à condition, dit-elle à Aristene fort agreablement, que si vous ne me persuadez pas vous me permettrez de demeurer dans l'Incertitude que je ne puis m'empêcher d'avoir, & que Timandre ne condamne pas ; & j'espere qu'estant aussi éclairé que vous estes, & aussi sçavant, vous avouërez que vous croyez de bonne foy beaucoup

de

de choses fort douteusement. Je conviens sans peine, dit Aristene, que par la foiblesse de l'esprit humain, & par mon peu de lumiere en particulier, j'ignore une infinité de choses ou que je ne connois du moins que par conjecture; mais j'assure en même temps que l'incertitude universelle est un defaut qui peut porter au plus grand des crimes. A ce que je voy, dit Isidore en regardant Timandre, en cherchant un Juge équitable, nous trouvons un redoutable ennemy : Mais n'importe, ajoûta-t'elle, ne refusons pas de soûtenir nos sentimens. Pour moy, Madame, reprit Timandre en riant, quand je le voudrois je ne pourrois pas faire autrement; car ayant toujours blâmé celuy qui en souffrant des douleurs incroyables, s'écrioit qu'il avoit beau souffrir, & qu'il n'avoüeroit jamais que ce qu'il sentoit fust douleur, je n'ay garde d'abandonner le party de l'incertitude, qui ne m'expose à nulle peine. De grace, dit Isidore à Aristene, n'allez pas vous imaginer que je veüille mesler la Religion dans l'incertitude que je défends, car je ne la porte pas jusques-là ; je ne pretends la porter qu'aussi loin que la raison humaine peut aller, & ne l'étendre que sur les connoissances naturelles, sur la conduite de la vie, sur les passions,

& sur les vices & les vertus. Ah! Madame, reprit Aristene, l'incertitude dans l'estat même que vous la representez, met l'incertain dans un grand peril, car il est tres-mal-aisé de donner des bornes à l'incertitude : c'est proprement une Ignorante audacieuse, qui en disant qu'elle ne decide rien, decide tacitement de tout, puisqu'elle fait profession de ne rien croire de tout ce qu'elle ne peut connoistre parfaitement. En un mot, Madame, l'incertitude, pour ne vous pas flater, est le premier fondement de l'atheïsme ; tous les libertins du monde en conviendroient s'ils avoient de la sincerité ; & il ne s'en trouveroit pas un seul qui osast dire avoir une preuve convainquante de son atheïsme, de sorte qu'il seroit contraint d'avoüer que c'est un simple doute qui luy a fait secoüer le joug de la Raison, de la Foy, & de la Religion, & qui l'a porté en suite à s'abandonner au déreglement de ses passions. Cependant rien n'est plus terrible que de voir que sur un simple doute, & sur un doute mal fondé, on renverse tout ce que la Religion a de plus saint, & qu'un libertin ignorant traite de fous tous les Martyrs, & tous les grands hommes que l'Eglise a eus: car je le repete encore une fois, le doute tout seul est la cause du libertinage; & le comble de la folie humaine est de ne vouloir croire que ce qu'on comprend parfaitement par soy-même. Je vous ay déja dit, reprit Isidore, que je ne pretends pas porter l'incertitude jusques aux Autels, & que je ne veux la soûtenir que pour les choses qui sont de la jurisdiction de la raison naturelle. J'en dis autant que la belle Isidore, ajoûta Timandre, & pour parler de l'incertitude que nous entendons, il faut laisser respectueusement la Foy dont il ne s'agit pas, & nous transporter, s'il faut ainsi dire, au temps des Dieux, & à l'enfance du monde, si l'on peut parler ainsi.

J'y consens, dit Aristene, & vous verrez pourtant qu'en commençant de parler de l'incertitude par où il vous plaira, vous vous retrouverez toujours au bord du precipice dont je viens de vous parler; mais je suis pourtant prest d'aller par le chemin que vous me montrerez. Puisque cela est, dit Isidore en soûriant, ne me permettrez-vous pas de douter long-temps, & peut-estre toujours, de l'amour & de l'amitié qu'on me dira avoir pour moy. Pour l'amour, reprit Aristene, comme je ne suis plus assez jeune pour y prendre un grand interest, je croy que les Dames font parfaitement bien de ne croire pas legerement ce qu'on leur dit sur ce sujet là ; car puisque le plus sage des Philosophes de l'Antiquité a dit, *que la beauté estoit une courte tyrannie* ; c'est en cet endroit que l'incertitude de la sincerité & de la constance des Amans est permise aux Dames. Je suis plus de ce sentiment là qu'Isidore, reprit Amalthée, car l'Amour est une passion fort incertaine. J'en dis autant, dit Amerinte, mais j'ajoûte que pour l'amitié rien n'est plus incommode qu'un Amy soupçonneux, & j'aimerois je croy mieux un ennemy genereux qu'un amy de cette espece. Il est pourtant bien dangereux, dit Isidore, de se laisser tromper aux apparences, & un peu d'incertitude est souvent un grand secours pour nous faire découvrir le fonds du cœur de ceux qui font semblant d'avoir de l'amitié pour nous. Pour moy, dit Aristene, qui ne veux de l'incertitude à rien, & qui veux de la prudence à tout : Je conviens qu'il ne faut pas livrer son cœur étourdiment à ceux qui se disent estre de nos Amis, & qu'il faut se donner le temps de les bien connoître pour n'estre pas trompé par de simples apparences; mais aprés que la raison & l'experience nous ont persuadé qu'un Amy est sincere, vertueux & tendre, il faut renoncer aux soupçons, & s'abandonner à cette sage amitié, qui est sans doute le plus grand & le plus sensible des biens de la vie des personnes raisonnables. Mais ce plus grand bien dont vous parlez, reprit Timandre, n'a pas esté universellement reconnu pour tel parmy les plus sçavans de l'Antiquité, & il y a eu autant de diversité en leurs opinions, qu'il y a eu de Philosophes: les uns l'ont mis à la santé, aux richesses, à la science, à la vertu, sans la bien définir; les autres au plaisir, & les incertains à la tranquilité de l'esprit, qu'ils ont pretendu ne pouvoir bien établir qu'en doutant presque de tout. Le mot de presque, dit Aristene, est bien placé où vous le mettez, & il seroit tres-dangereux de ne l'y mettre pas. Vous allez déja trop loin, dit Isidore; mais je demande simplement si on peut bien connoître les vertus ; car par exemple, je connois un homme qui passe pour liberal parmy ceux qui ne le connoissent pas comme moy, & cependant il ne donne jamais rien que par un interest caché, qui me permet d'avancer hardiment qu'il ne fait nulle liberalité que par un mouvement d'avarice. Il y a beaucoup de ces gens là par le monde, reprit Amalthée, mais il ne faut pas pour cela douter en general s'il y a de la liberalité : Et selon vos maximes, ajoûta-t'elle en riant, il faut que vous doutiez des vices comme des vertus, & que quand vous verrez un vieil avare qui se refuse tout pour amasser des tresors dont il n'aura pas le temps de joüir, vous doutiez de son avarice. J'en doute aussi, repliqua-t'elle, mais j'avouë ingenument que je doute un peu plus des vertus que des vices. Cela n'est pas dans nos maximes, reprit Timandre, car le doute parfait ne s'assure absolument à rien. Mais vostre doute parfait, reprit Amerinte en riant, est la plus imparfaite chose du monde; car à quoy sert donc la raison humaine, & le Sçavoir ? A faire connoistre, dit

Timandre, qu'on sçait tout ce qu'on sçait fort douteusement, & qu'un grand art de conjectures est le plus solide fondement de la plupart des connoissances que les hommes pensent avoir. Je vous avois bien dit, reprit Aristene, que vous reviendriez de vous-même au bord du precipice dont je vous ay parlé d'abord, car si vous ne voulez jamais croire que ce que vous connoîtrez parfaitement par vostre raison toute seule, vous ferez un veritable Philosophe Pyrrhonien, qui douterez également des autres & de vous-même, aussi bien que du passé, du present, & de l'avenir, & du Ciel comme de la Terre.

Comme j'ay lû beaucoup d'Ouvrages, dit Amalthée, du sçavant la Mothe le Vayer, si ma memoire ne me trompe, il n'estoit pas ennemy de cette secte. Cela est vray, reprit Amerinte, mais il luy donnoit des bornes, & il ne parloit pas toujours douteusement; car parlant en un endroit contre cette Philosophie qu'on dit estre ancienne & renouvellée, qui veut que les Atomes ayent composé le Ciel & la Terre; il avance fort affirmativement qu'il croiroit aussi-tost qu'un nombre infiny de lettres de l'Alphabet broüillées dans un sac, & jettées au hazard, auroient composé l'Illiade d'Homere, ou la plus belle des Tragedies de Seneque, que de croire que des Atomes auroient formé le monde aussi admirable qu'il est. Ce sentiment là, dit Aristene, estoit celuy de deux excellens hommes qui l'avoient precedé, & qui est assurément fort juste. Pour moy, reprit Amalthée, j'ay lû cet endroit avec plaisir: Car telle que vous me voyez, ajoûta-t'elle en soûriant, j'ay tant entendu parler d'Atomes autrefois, à un Amy que j'avois qui avoit beaucoup de sçavoir, & beaucoup de vertu, & qui aprés s'estre mis les Atomes dans la teste, les mit de telle sorte en celle de plusieurs autres de ses Amis & des miens, que je ne leur entendis parler d'autre chose durant quelque temps, car ils renonçoient à tout pour s'en entretenir entr'eux, & ils m'en importunoient souvent. Je me souviens même d'un jour entre les autres, ajoûta-t'elle, qu'estant chez une personne d'une grande qualité, d'un esprit admirable, & d'une politesse sans égale, elle entreprit de luy en faire la guerre galamment, estant persuadée que cette Philosophie estoit un peu dangereuse; & comme ceux qui se trouverent chez elle cherchoient à luy plaire, la conversation devint fort agreable, car on n'en parla pas en Philosophes, & cela se tourna tout autrement. Il y eut même des Vers sur ce sujet là faits sur le champ, qui ne laissoient pas d'estre fort jolis. De grace, dit Isidore, dites-nous-en quelques-uns ; j'en entendis parler alors, & vous avez une memoire qui n'oublie jamais rien : Et comme je ne suis pas ennemie des Atomes, quoy qu'il ne m'appartienne pas de les bien connoistre, vous me ferez plaisir d'en parler, & vous ne déplairez pas à Timandre ; car avant que d'estre tout à fait incertain, il avoit un peu voyagé au païs des Atomes. J'avouë, repliqua Timandre, qu'ils m'ont diverty, mais ils ne m'ont pas plainement persuadé : cependant je consens avec plaisir que vostre curiosité

curiosité soit satisfaite. Ma memoire, reprit Amalthée, ne me sera peut-estre pas si fidelle que vous le croyez, mais au hazard d'y changer quelque chose, je vous diray qu'il y avoit plusieurs Dames en cette compagnie, & quatre ou cinq hommes: je ne nommeray que Lysis à qui d'ordinaire on faisoit la guerre sur les Atomes; & comme on croyoit que cette Philosophie l'avoit guery de quelque inclination pour une Dame qui estoit presente, un homme de la compagnie recita le Madrigal que je vay dire, en se tournant vers cette Dame.

Pour les foibles appas d'une science vaine,
Un infidelle Amant vient de rompre sa chaîne,
Et ne soûpire plus pour vous,
Il contemple en repos le Ciel, la Terre, & l'Onde,
Et charmé des ressorts qui font mouvoir le Monde,
Il perd à raisonner ses momens les plus doux.
Aimable Iris vostre cœur en murmure,
Pardonnez-luy son changement,
Quel plaisir d'avoir pour Amant
L'Amant de toute la Nature ?

Ah! pour cela, dit un homme

de la compagnie qui avoit fait un Madrigal durant qu'on recitoit celuy-là, il faut que j'en recite un à mon tour, & en effet il recita celuy-cy d'un air fort enjoüé.

Les Docteurs sont changeans, il faut qu'on s'en défie,
Des Atomes legers remplissent leurs esprits,
Et dés qu'ils sont charmez de leur Philosophie,
Ils n'aiment plus Climene ny Cloris.
Ils se forgent mille phantômes,
Aussi sont-ils sujets à mille changemens ;
Comme ils sont Amans des Atomes,
Ils sont des Atomes d'Amans.

Cette pensée, continua Amalthée, fit rire toute la compagnie, & décontenança un peu Lyſis, qui ne voulut pas faire de Vers pour luy-même; mais un de mes Amis intimes qui faiſoit des Vers avec une facilité merveilleuſe du temps qu'il en vouloit faire, le fit parler malgré luy en luy attribuant le Madrigal que je vay dire, qui a un ſens galant, & une raillerie delicate.

Depuis que j'ay donné mon eſprit aux Atomes,
Je mépriſe grandeurs, Couronnes, & Royaumes,

Tous ces vastes objets sont petits à
 mes yeux,
A de plus nobles soins je partage
 ma vie,
Et je fais en soufflant, l'air, la Ter-
 re, & les Cieux;
Mais s'il faut l'avoüer, trop ai-
 mable Sylvie,
Quand je vous adorois je faisois
 beaucoup mieux.

Ce Madrigal est fort joly, dit Isidore, mais n'y en a-t'il pas encore d'autres, car je n'aime pas assez les Atomes pour n'en souffrir pas une raillerie aussi ingenieuse que celle-là. Puisque cela est, reprit Amalthée, ce même Amy dont je vous ay parlé en fit encore un pour un homme de merite de la compagnie, qui sembloit vouloir suivre Lysis dans ses sentimens. Le voicy.

J'embrasse la Philosophie,
Je l'écoûte, je m'y confie,
Elle endurcit mon cœur aux charmes les plus doux,
Elle est severe à qui s'engage,
Mais belle Philis entre nous
Ne l'estes-vous pas davantage ?

Tout cela est tres-agreable, reprit Isidore ; mais celuy qui faisoit parler les autres ne parle-t'il pas pour luy-même. Il parla sans doute, reprit Amalthée, parce que la principale Dame de la compagnie le luy ordonna, & il obeït en ces termes ; car en ces sortes de Conversations spirituelles & enjoüées, les expressions galantes sont permises, & puis le dessein de celuy dont je parle estoit de faire entendre qu'il n'estoit pas de la secte des Atomes. Voicy donc son Madrigal qu'il prononça en soûriant en se tournant vers la Dame qui luy avoit ordonné de parler pour luy.

Mille Atomes de feu qui partent
* de vos yeux*
Ont reduit, belle Iris, tout mon
* cœur en Atomes,*
D'un si terrible effet & si prodi-
* gieux,*
Descartes ou Lysis feroient bien
* quatre Tomes,*

*Moy qui suis un Atome entre ces
 grands Docteurs,
Sans pouvoir l'expliquer je le sens
 comme un autre;
Mais en un mot, Iris, si j'avois
 mille cœurs,
Je les tiendrois payez d'un Atome du vostre.*

Quand les Atomes, reprit Isidore, n'auroient fait faire que ces Madrigaux là, ce seroit dommage qu'on n'eût jamais parlé d'eux. Pour les Atomes, reprit Aristene, je consens qu'on les regarde comme la cause de ces agreables & ingenieux Madrigaux, & de mille autres delicates railleries qu'on en peut faire aisément; mais qu'on me veüille

veüille persuader que je suis moy-même sorty des Atomes, je n'en croiray rien. Vous avez raison, dit Amerinte, car encore que j'aye une Amie belle & pleine d'esprit, à qui un disciple du fameux Rohaut enseigne cette Philosophie malgré mes conseils, je n'ay jamais pû concevoir que des Atomes en s'entre-choquant ayent pû former ce nombre inombrable de choses si bien reglées, ou au Ciel, ou à la Terre, & si ce n'estoit qu'une Conversation de Philosophie ne convient jamais bien à des Dames, je serois fort aise d'en entendre parler à Aristene, afin de pouvoir disputer contre l'Amie que j'ay dit qui apprend malgré moy la Philosophie à la mode. J'ay pourtant, ajoûta-t'elle agreablement, un petit scrupule d'amitié à vous consulter auparavant; mais pour en bien juger il faut que vous sçachiez que sans avoir jamais vû une illustre Niece de ce fameux Philosophe qui a en nostre siecle ressuscité les Atomes, si l'on peut parler ainsi ; j'ay pour son esprit, pour son cœur, & pour sa vertu toute l'estime qu'elle merite, & toute l'amitié dont je suis capable ; & ce qui me plaist infiniment en cette illustre fille, c'est qu'encore qu'elle sçache tout ce qu'une personne de son sexe peut sçavoir, & qu'elle écrive d'un tour galant & poly & en Prose &

en Vers, & que sa generosité égale son esprit, elle conserve une modestie qui releve toutes ses autres bonnes qualitez. Je demande donc au sage Aristene si je ne suis pas en quelque sorte blâmable, de le prier de parler contre les sentimens d'un homme dont la memoire luy est & luy doit estre tres-precieuse. Il est aisé, reprit Aristene, de répondre à vos deux objections, & pour commencer par la derniere, sçachez aimable Amerinte, qu'il est des Philosophes comme des Advocats, tant qu'ils plaident ils parlent avec chaleur pour soûtenir leurs sentimens, ils se querellent même quelquesfois, & à la fin de leurs plaidoyers ils se loüent, ils s'embrassent, & sont Amis comme auparavant ; de sorte que vostre Amie ne seroit pas telle que vous la representez si elle trouvoit mauvais qu'on fust d'un sentiment contraire à son illustre parent. Et pour répondre à vostre premier scrupule, je conviens qu'en nostre temps une Dame trop Philosophe n'est pas un caractere qu'il faille prendre; mais les Dames qui ont un esprit fort élevé peuvent tout sçavoir sans sortir de la bienseance de leur sexe, à plus forte raison entendre parler les autres, & nous voyons que dans l'Antiquité il y a eu plusieurs femmes celebres par leur sçavoir. Axiothée, qui estoit du Peloponese, ayant lû quelques Livres de Platon en fut si charmée qu'elle fut en habit d'homme entendre Platon luy-même, & fut long-temps inconnuë parmy tous ces Philosophes, comme Achiles parmy les filles de Lycomede. Cela est ainsi, reprit Timandre, & c'est Themistius qui le raporte; & il y eut même une fameuse Courtisane, appellée Lasthenia, qui sans se déguiser alloit apprendre la Philosophie. J'en conviens, dit Aristene, & elle donna de l'amour à un parent de Platon, qui estoit aussi son disciple, & cette passion fut plus forte que sa Philosophie. Mais il y eut une femme plus sage, appellée Arria, qui fut avec Albinus son mary écoûter Platon; Diogenes Laërce luy dédia son Livre de la Vie des Philosophes, comme on l'apprend par un passage de la Vie de Platon même. Mais entre toutes les femmes qui dans les siecles éloignez se sont appliquées à la Philosophie, la plus celebre fut la fille d'un excellent Mathematicien d'Alexandrie, appellé Theon, elle s'appelloit Hipatia; il l'instruisit dans ce que la science dont il faisoit profession a de plus élevé, & elle surpassa son pere de beaucoup. Elle estoit belle, modeste & vertueuse, mais ce qui fit sa plus grande gloire, c'est que Sinesius, qui de Philosophe Payen devint une des grandes lumieres de l'Eglise, avoit esté son disciple, & qu'il tint à honneur de l'avoir esté: Et j'ajoûte à la gloire de vostre sexe, dit Aristene en regardant Amalthée & Amerinte, que les Dames que j'ay nommées, & plusieurs autres que je ne nomme point, choisissoient la Philosophie qui enseigne qu'il y a un Dieu, car elles suivoient celle de Platon. Je pourrois, ajoûta Aristene, vous nommer un tres-grand nombre de Dames sçavantes en tous les siecles suivans, & en toutes les Nations, mais je me suis contenté d'en nommer quelques-unes du tems de la Philosophie

Payenne dont les Atomes sont décendus; & je ne vous ay rien dit de l'illustre Athenaïs, ny de cent autres qui ont fait honneur à leur sexe en divers temps, & de plusieurs autres qui luy en font encore aujourd'huy. Mais puisque tant de femmes celebres, dit Amerinte, ont voulu sçavoir la Philosophie, il n'y aura donc pas un grand mal que nous en entendions un peu parler au sage Aristene, pour empêcher que l'incertitude d'Isidore n'aille se fixer aux Atomes dont elle entend parler tous les jours au Maistre de mon Amie, qui est aussi la sienne ; car je repete encore une fois que je ne puis jamais penser qu'ils ayent fait toutes les merveilles dont le monde est composé ; eux, dis-je, qui avec tout leur cas fortuit n'ont pas sçû faire une route droite dans nos Forests, puisque dans toutes celles du nouveau Monde, dont j'ay lû les Relations, on n'a trouvé que des bois sans nuls chemins. Mais, reprit Timandre, cet Estre intelligent, tout-puissant & eternel qu'il faut croire, qui a tout creé, n'en a pas fait non plus qu'eux. Il est aisé de répondre à cela, dit Aristene, & il ne faut que considerer que Dieu ayant creé l'Univers pour sa propre gloire, & pour l'usage de l'homme, l'a pour ainsi dire exposé à son industrie ; il n'a pas ignoré que les hommes en abattant du bois pour baſtir, pour conſtruire des Vaiſſeaux, & pour ſe chauffer, ſe feroient des routes & des chemins; car enfin pour faire qu'il y ait aſſez de bois au monde pour la neceſſité des hommes, il faut qu'il y en ait trop, & cela eſt encore un effet de la Providence, puis qu'on brûle quelquesfois en un jour un arbre qui a eſté cent ans à croître. C'eſt encore une choſe admirable à remarquer, dit Amalthée, que les païs qui n'ont pas de bois n'en ont que faire, ou parce qu'ils ne ſont pas fort peuplez, ou parce qu'il n'y fait point de froid. Je vous aſſure, interrompit Timandre, que quoy qu'en qualité d'incertain je n'affure rien, j'avouë toutesfois qu'il faloit avoir beaucoup d'esprit pour avoir proposé avec quelque vray-semblance la science des Atomes, & que si la Religion s'en pouvoit accommoder, il y auroit assez de plaisir à s'imaginer ces petits corps éternels, indivisibles, dont les figures differentes ne peuvent estre perceptibles que par la raison ; & qui se mouvant continuellement dans l'infinité des siecles, allant & venant au hazard, venant enfin à se rencontrer, & à s'accrocher, selon leurs figures, & à former un grand corps, qui à proportion de leur poids estant ramassez sont décendus en bas pour former la terre, & que ceux qui eſtoient ronds, polis & legers rencontrant leurs ſemblables furent pouſſez en haut par leur mouvement fortuit, pour y former tous les Cieux & tous les Aſtres, ayant plus ou moins d'élevation ſelon leur figure & leur peſanteur ; & que les Atomes les plus menus & les plus déliez s'échapant de tous les autres Atomes, formerent l'eau qui coula & s'étendit au hazard par toute la terre. Mais, interrompit Amalthée, dites-moy de grace, dit-elle à Timandre, qui a donné des bornes à la Mer depuis que ces pretendus Atomes l'ont formée ; car je voy bien que vous eſtes ſi incertain que vous n'avez pas encore tout à fait renoncé aux Atomes : apprenez-moy donc, je vous prie, qui a donné des bornes à la Mer, qui dans toute l'estenduë des siecles est demeurée dans les limites que Dieu luy a prescrites. Quelle folie, interrompit Aristene, sans donner loisir à Timandre de répondre, de s'imaginer que le hazard tout seul, par un mouvement d'Atomes sans Moteur, comme les grands libertins le disent, ou avec Moteur, comme les nouveaux Philosophes mitigez l'expliquent, puissent avoir fait le Monde tel qu'il est : Il faut toute la vie d'un excellent Sculpteur pour apprendre l'art de faire une belle Statuë, qui ne repreſente que la ſuperficie d'un homme; & l'on a la hardieſſe de ſuppoſer que cette admirable machine du corps humain, qui agit, qui marche, qui a des ſens, qui ſervent à luy faire connoître tout l'Univers; & une raiſon qui devroit le porter à adorer ce qu'elle ne peut connoître parfaitement, de ſuppoſer, dis-je, audacieuſement que ces miſerables Atomes crochus, comme on nous les repreſente, en s'accrochant les uns aux autres, ont fait tout ce que nous voyons de merveilleux en l'Univers, & ont fait même originairement, ſelon cette Philoſophie, noſtre propre

DE L'INCERTITUDE. 423
raison. Pour moy, dit agreament Isidore en soûriant, j'avouë que quoy que ce chasteau de cartes soit assez joly, comme Timandre l'a representé, & comme le Maistre de mon Amie Philosophe le dit, que quand je voy ces petits Atomes, que les rayons du Soleil me font apercevoir lorsqu'ils entrent dans ma chambre, ils me paroissent bien étourdis par leur agitation continuelle, pour avoir fait tant de belles choses. Mais ne voyant rien de bien clair d'ailleurs, ajoûta-t'elle, je n'ay pas vû d'abord tant d'impossibilité à tout cela. Pour moy, dit Amerinte, à qui il n'appartient pas de parler de Philosophie, aux termes des Philosophes, quand

je voy quelquesfois Timandre & un autre de mes Amis joüer aux Eschets, qui est un jeu où l'on ne perd jamais que par sa faute; quand je les vois, dis-je, employer tout leur esprit, toute leur attention, toute leur prévoyance, & tout leur jugement à placer à propos toutes ces diverses pieces qui peuvent les faire perdre ou gagner, & qu'infailliblement celuy qui perd a fait quelque faute qui l'a fait perdre, je suis épouventée qu'on puisse supposer que le Soleil & la Lune, les Planettes, & toutes les Estoiles du Firmament, ayent esté formées & placées par un cas fortuit; car enfin nous ne voyons rien dans l'Histoire l'Histoire à l'honneur du hazard, que ce Peintre qui en jettant son éponge de dépit contre un Tableau qu'il faisoit, representa mieux l'écume qui paroist quelquesfois proche du mors d'un Cheval, qu'il ne l'auroit pû faire avec un pinceau, encore n'est-on pas trop asseuré que cela soit vray : mais il ne s'est jamais vû qu'un Peintre en jettant ny ses pinceaux, ny son éponge, ait fait, je ne dis pas une figure reguliere, mais un œil, une main, ny la moindre partie d'un corps naturel. Que l'on confronte, ajoûta-t'elle, les premiers Tableaux de quelques-uns de nos grands Peintres avec leurs derniers qui sont des chef-d'œuvres, on verra qu'il leur a falu un grand temps pour apprendre toutes les regles d'un si bel Art, pour bien executer ce qu'ils ont apris, & l'on verra par consequent qu'il est tres-ridicule de croire qu'un assemblage fortuit d'Atomes ait tout fait regulierement par un mouvement aveugle. Les Nuës, poursuivit-elle, qui sont ce me semble une espece d'Atomes poussez par le vent qui les conduit au hazard, n'ont jamais offert à nos yeux que des figures chimeriques. Il me passe même dans l'esprit, ajoûta-t'elle, que s'il estoit possible de reduire le Ciel & la Terre en Atomes, il y en auroit tant qu'ils ne pourroient où se placer, & que les espaces imaginaires en seroient remplis. Et puis, poursuivit Amalthée, d'où vient que depuis plus de cinq mille ans tous les Atomes qui sont répandus dans tout l'Univers n'ont fait nulles productions nouvelles, & qu'ils sont toujours aussi étourdis qu'Isidore nous l'a dit si agreablement. Pour moy, reprit Amerinte, je me persuade qu'il y a un point de connoissance à la raison, comme un point de veuë à nos yeux, au de là duquel on ne peut rien discerner distinctement, ny rien connoître avec certitude que par des consequences infaillibles. Mais ces consequences infaillibles, reprit Timandre, qui ne portent que sur l'art des conjectures, doivent à mon avis authoriser les incertains. Nullement, reprit Aristene, car il y a des consequences si infaillibles, qu'on peut avancer hardiment qu'on connoist quelquesfois mieux ce qu'on ne voit pas par ce qu'on voit, que ce qu'on voit de ses propres yeux. Vous avez raison, dit Clariste, & nos yeux mêmes voyent tous les jours des objets qu'ils ne distinguent pas, quoy qu'ils ne soient pas éloignez. En effet, ajoûta-t'elle, quand j'ay monté ma montre, & que j'entends le bruit qu'elle fait, je suis bien assurée qu'elle va ; cependant quelque attention que j'apporte à en regarder l'aiguille, mes yeux n'aperçoivent point qu'elle avance, & ce n'est qu'aprés un peu de temps que je vois qu'elle a avancé : Peut-il y avoir de connoissance plus certaine que celle qu'on a en cette occasion sans le secours de nôtre veuë ? Cela est fort bien remarqué, dit Aristene : Mais pour dire quelque chose de plus précis, poursuivit-il, les plus simples, sans nulle science acquise, ne peuvent pas douter en voyant le lever & le coucher du Soleil, & le mouvement regulier des Astres, que le monde ne soit un globe, ou qui tourne sur son propre poids, ou à l'entour du quel les Cieux tournent, selon l'ordre immuable qu'ils ont reçû de celuy qui les a créez. Et pour donner un exemple encore plus naturel de la certitude de ce grand Art des conjectures, quand la raison s'en sçait servir; on en voit un exemple même dans les Animaux, & les Chasseurs voyent tous les jours que des chiens qui courent un liévre trouvant trois chemins n'en flairent que deux, & aprés avoir fait un demy cercle à droit & à gauche s'élancent dans le troisiéme chemin sans le sentir, raisonnant sans doute que puisque le liévre n'a pas passé ailleurs, il faut qu'il ait passé là ; & en effet ils y vont, ils y courent, & trouvent & prennent le liévre qu'ils ont chaſſé. Il y a mille & mille exemples en la Nature où l'on connoiſt, comme je viens de le dire, avec plus de certitude ce qu'on ne voit pas, que ce qu'on voit. Pourquoy donc les hommes en voyant la ſtructure admirable de l'Univers, & en ſe voyant eux-mêmes, ne ſe portent-ils pas plûtoſt à croire qu'il ont eſté créez par un Eſtre intelligent, eternel, tout-puiſſant, & immuable, qui merite toutes nos adorations, que de s'imaginer des chimeres impoſſibles qui conduiſent infailliblement au plus grand de tous les crimes, puiſque la plus noire ingratitude qui soit au monde est celle qui nous fait employer nostre propre raison à méconnoistre celuy qui nous l'a donnée, & a aimer mieux nous anneantir nous-mêmes que de nous élever jusqu'à Dieu, par la connoissance de tout ce qu'il a creé d'admirable : & je soûtiens hardiment que la raison humaine, non dépravée, peut & doit connoistre Dieu par ses ouvrages, & qu'on ne peut jamais penser raisonnablement que ces pretendus Atomes, qu'on appelle, pour les faire respecter, les principes éternels de l'Univers, puissent avoir formé la raison humaine; car estant, quoy qu'on en dise,

égaux

égaux en qualité de principes, & n'y ayant proprement de difference entre-eux que leurs figures differentes & leur poids peuvent-ils donner de la raison qu'ils n'ont pas. Je sçay bien, poursuivit-il, que la Philosophie renouvellée nous parle d'une *substance qui pense*, dont Epicure ne parloit pas; & je n'ignore pas non plus qu'on nous dit qu'elle peut estre expliquée par l'Esprit de Dieu dans le Cahos, ou sur les Eaux ; mais à parler sincerement cette substance qui pense confonduë dans l'infinité des siecles, parmy ces Atomes crochus qui ne peuvent rien penser, ne satisfait pas la raison, & ne peut passer que pour un expedient assez ingenieux afin de se tirer d'un tres-mauvais pas. Il eût donc autant valu, ajoûta Aristene, donner de l'intelligence aux Montagnes, aux Mers, aux Fleuves, aux Arbres, aux Plantes, que de faire des machines de tous les Animaux qui sont au monde pour se tirer d'un grand embarras, dont on ne sçavoit par où sortir, mais qui a fait tomber dans un autre plus terrible ; car la plus petite Guenon du monde par son industrie, & son intelligence, détruit toutes les Machines de ce grand & excellent homme, qui ne laisse pas d'estre tres-digne d'estre admiré pour sa vertu, pour son sçavoir, pour l'estenduë de son esprit, & pour avoir pû donner de l'ordre & de la vray-semblance à cette espece de Philosophie, qu'il appelloit quelquesfois luy-même son Roman philosophique : Mais ny luy, ny ceux qui l'ont devancé, ny leurs sectateurs ne peuvent & ne pourront jamais prouver malgré cette substance qui pense, par quelle vertu leurs principes ont pû former la pensée de l'homme, qui le rend capable de vouloir ou de ne vouloir pas ; ny s'excuser d'avoir employé les derniers efforts de leur raison à justifier Epicure qui enseigne à méconnoître Dieu ; & dont les sectateurs aiment mieux méme s'oster l'esperance d'une seconde vie que de conserver un si grand avantage; en prenant le party opposé à celuy que je soûtiens, qui est aussi ancien que le monde, estant certain que Dieu l'a imprimé dans le cœur de tous les hommes, quand ils ne s'opposent pas à ses lumieres. Aussi a-t'il esté suivy dans tous les siecles, parmy toutes les Nations. En effet la connoissance d'un Dieu se trouve par tout, & cette connoissance aplanit toutes les difficultez. Car dés que je croy un Dieu eternel, tout sage, & tout puissant, il m'est plus aisé de croire qu'il a creé le monde tel qu'il est, parce qu'il l'a voulu, que de penser que le cas fortuit l'a formé aussi regulier qu'on le voit. Il ne faut même pas avoir recours au bizarre expedient des Machines pour sortir d'un pas si dangereux; puisque dés que je conçois un Dieu, je comprends qu'il a pû par sa toute-puissance donner une petite portion de lumiere aux Animaux, sans leur donner une ame immortelle, & qu'il luy a esté aussi aisé de distinguer les Ames, que d'attribuer des vertus toutes opposées à toutes ces fontaines medicinales dont l'Univers est semé: dont les unes sont chaudes, les autres froides, dont quelques-unes se corrompent, & les autres ne s'alterent jamais, quoy qu'elles soient en quelques endroits à si peu de distance les unes des autres, qu'on peut presques dire qu'elles sortent d'une même source; estant toutes destinées pour conserver ou rétablir la santé des hommes. En un mot la connoissance d'un Dieu satisfait la raison & la tire de mille embarras, sans la porter à nul danger. Un Philosophe Payen, au raport de Plutarque, reconnoissoit une puissance sans bornes aux Dieux qu'on adoroit de son temps; car il avançoit que celuy qui choisissoit une victime pour la sacrifier estoit conduit par une puissance intelligente & divine, répanduë par l'Univers, &

qu'au moment du sacrifice il se faisoit un tel changement dans les entrailles de la victime, que ce qui y estoit auparavant n'y estoit plus, & que ce qui n'y estoit pas y estoit, ajoûtant que cela devoit estre facile à croire, puisque tout obeïssoit aux Dieux. C'estoit une pensée ingenieuse pour soûtenir une extravagance qui estoit l'art des Haruspices, qui expliquoient au peuple le bon & le mauvais présage des victimes ; mais nous apprenons du moins de là que même dans les fausses Religions, dés qu'on a crû une Divinité, on n'a pas donné de bornes à sa puissance. Mais, interrompit Isidore, ne peut-on pas excuser l'Incertitude, par cette prodigieuse diversité de sentimens & d'opinions, & même par la tromperie que nous font nos sens, comme je l'ay ce me semble déja dit. Mais, reprit Aristene en soûriant, je voy bien que vous n'avez pas lû l'Ouvrage d'un Philosophe qui a esté entre Epicure & le fameux Descartes, & qu'on a traduit depuis peu; car il soûtient, pensant affoiblir nostre raison, que nos sens ne se trompent jamais, & que c'est nostre esprit qui se trompe, il apporte, pour appuyer son opinion l'exemple des songes, où l'on croit quelquesfois voir le Soleil qu'on ne voit pas: mais je suis persuadé qu'il se trompe luy-même, car c'est l'imagination toute seule qui nous represente ce que nous croyons voir, & ce qu'elle ne pourroit nous representer, si nos sens ne luy avoient jamais montré les objets dont elle nous montre l'image ; mais c'est la plus petite des erreurs où ce Philosophe est tombé. En effet la mort qu'il se donna luy-même, comme plusieurs Autheurs l'assurent, deshonore sa Philosophie, malgré l'étenduë de son esprit. Avoüez du moins, dit Timandre, que la diversité de loix, de mœurs, & de coûtumes de tous les siecles, estoit autrefois une excuse à la secte de ceux qui doutoient de tout,

& qui ne croyoient pas plus les Atomes que les autres opinions. Mais la multitude des procés, reprit Isidore en riant, ne montre-t'elle pas que la raison humaine est bien chancelante ; car il est bien plus aisé de connoître si un procés est bon ou mauvais, que de decider de tout ce que nous ne connoissons pas, & de tout ce que nous ne pouvons connoître qu'imparfaitement : cependant il faut de necessité que la moitié de tous ceux qui plaident se trompent. Et vous pouvez ajoûter, reprit Timandre, qu'en ces sortes de choses la grande & prompte decision vient tres-souvent de l'ignorance ; & l'incertitude au contraire d'un tres-profond sçavoir. Pour favoriser mon sentiment, poursuivit-il, j'ay sçû par un homme assez avancé en âge qu'il avoit eu un Amy le plus sage, le plus modeste qui fust non seulement entre les Magistrats, mais aussi entre tous les gens de lettres, qui ne pouvoit se determiner sur les questions douteuses, & qui disoit tant de bonnes raisons de part & d'autre, qu'on avoit peine à rien decider aprés l'avoir entendu; & il disoit même à ses amis intimes, qu'il n'estoit jamais si aise que quand son avis n'étoit pas suivy, parce qu'il estoit certain en ce cas là qu'il n'avoit point fait faire d'injustice.

Je reconnois à ce que vous dites, reprit Aristene, celuy dont vous voulez parler; mais ce que vous raportez est plûtost l'effet d'une grande penetration que d'une veritable incertitude. En mon particulier, dit Amalthée, j'ay un Amy qui écrit admirablement bien en Vers & en Prose, qui par la raison que vous raporteza bien de la peine à se determiner sur ses Ouvrages, parce qu'il ne les trouve jamais aussi parfaits que l'idée qu'il en a conceuë; & si je ne l'avois rassuré par mes loüanges, il auroit quelquesfois suprimé de tres-belles choses, & cela est sans doute causé par la raison que vous venez de dire, & par l'amour de la gloire. Cela est ainsi, dit Aristene, mais c'est estre plûtost difficile à contenter qu'incertain. Ne tombez-vous pas d'accord du moins, repliqua Timandre, qu'une partie des loix de l'Antiquité, faites par les plus sages de tous les hommes se contredisoient, & que tous les grands Philosophes estoient opposez les uns aux autres. Vous pouvez ajoûter encore, dit Aristene, qu'ils se contredisoient eux-mêmes; car les plus considerables d'entr'eux ont dit des choses qui font voir qu'ils croyoient un Estre intelligent maistre du monde, & en ont dit d'autres qui ne convenoient pas à cela;

mais c'eſtoit parce qu'ils n'oſoient parler ouvertement contre les faux Dieux que le peuple adoroit: Cependant ils ne diſoient pas douter de tout, comme ceux que vous imitez, & qui ne demeuroient d'accord que de la vray-ſemblance des choſes. Mais toutes ces ſectes deciſives, reprit Timandre, eſtoient des orgueilleuſes, & celle que je deffens eſtant fondée ſur la foibleſſe & ſur l'ignorance de la raiſon humaine, n'affirmoit rien poſitivement, & ſe contentoit de dire douteuſement, cela peut eſtre, il ne paroiſt pas impoſſible que cela ſoit, je ne le puis comprendre, & ainſi du reſte ſans affirmer jamais rien; & à dire la verité je pense qu'en ces temps-là ils avoient raison. Le larcin estoit permis à Sparte, & puny par tout ailleurs; les uns mettoient le souverain bien à la vertu sans la bien connoître, les autres à la volupté. De grands Philosophes avoient passé la plus grande partie de leur vie à voyager, estant persuadez que le changement de lieu estoit aussi utile à l'esprit que le changement d'air à la santé. Et Socrates, le plus sage de tous les hommes, ne sortoit presques jamais d'Athenes, & ne se soucioit pas de voyager. Quelques Philosophes anciens & modernes ont dit que les Animaux ne devoient pas estre en

plus de consideration que des plantes, & même que des choses inanimées, comme on l'a déja dit; & Cimon fils du fameux Milthiade fit élever un tombeau à des chevaux qui luy avoient servy à remporter le prix aux jeux Olimpiques. Aristote bien loin d'en faire des machines, veut qu'on en ait soin; & Plutarque veut même qu'on ait de la reconnoissance pour les chevaux & les chiens qui ont bien servy. Montagne est dans ce sentiment si opposé au premier: Les grands Poëtes ont parlé douteusement de tout comme les Philosophes, Euripide a dit en quelque-part, comme
l'a

la traduit le sçavant Monsieur Menar.

*Qui de nous sçait mortels si mourir
 n'est pas vivre,
Et si vivre n'est pas mourir.*

La diversité des sentimens se trouvoit même parmy les braves comme parmy les Philosophes : le vaillant Ajax disoit qu'il y avoit de la gloire à tuer son ennemy, mais que c'estoit l'action d'un voleur de le dépoüiller mort. Un autre Capitaine fort brave n'estoit pas de ce sentiment, & voyant un mort aprés une bataille qui avoit une chaîne d'or au cou, il se tourna vers un soldat, & la luy montrant luy dit en riant, prend cela le mort n'en a que faire. Que sçavons-nous même, ajoûta Timandre, si nous sommes bien instruits des sentimens des Philosophes, puisque l'incertitude regne en l'histoire comme ailleurs. Nous en voyons un grand exemple dans un Livre de nostre temps ; car enfin aprés qu'on a publié pendant deux mille cinq cens ans, que Romulus & Amulus avoient esté nourris par une Louve, un Autheur celebre nous prouve que tout cela est une Fable, aussi bien que l'enlevement des Sabines. Mais, interrompit Isidore, j'ay vû dans un beau cabinet ces deux évenemens admirablement representez dans de fort beaux Tableaux qu'on m'a fait passer pour des Histoires, & non pas pour des Fables. Cela ne laisse pourtant pas d'estre ainsi, reprit Timandre, & le fameux Tite-Live dit en un endroit que de son temps on ne sçavoit pas à Rome avec certitude si c'estoient les trois Horaces, ou les trois Curiasses qui avoient vaincu ; & l'illustre Corneille qui en a fait une si belle Tragedie, a pû choisir lequel il luy a plû : N'a-t'on pas vû regner l'incertitude parmy les Romains comme parmy ceux qu'ils appelloient Barbares, puisqu'on a vû qu'aprés avoir banny les Medecins de Rome durant plusieurs siecles ils y furent rapellez. La Nature même, ajoûta Timandre, authorise l'incertitude par les effets contraires qu'elle produit : Un homme appellé Demophon qui estoit à Alexandre suoit à l'ombre, & geloit au Soleil; & l'on a vû de nostre temps des gens qui avoient le foye au costé gauche, & la rate au costé droit. Permettez-moy, dit Isidore en soûriant, pour authoriser l'incertitude de vous faire convenir que depuis le commencement du monde on a dit & tenu pour constant qu'il n'y a point de feu sans fumée, & que ç'a toujours esté le plus incontestable de tous les proverbes ; cependant nous venons de voir à la Foire Saint Germain que ce proverbe est faux, & que par une invention fort jolie on peut faire du feu qui ne fume point. Mais de grace, ajoûta-t'elle en riant, ne vous moquez pas de m'entendre citer la Foire Saint Germain aprés tant de citations sçavantes. Bien loin de me moquer, dit Timandre, je la trouve aussi convainquante qu'agreable, & elle me rend plus hardy à dire qu'il ne faut pas s'estonner si voyant tant d'incertitude dans la Nature, dans le passé, dans le present, & dans l'avenir, cette secte douteuse dans cette suspension de connoissance, se soit arrestée à la simple vray-semblance, &

peut-on trouver qu'elle euſt beaucoup de tort de ne croire pas tous ces Dieux noircis de crimes que le peuple adoroit alors. Non, répondit Ariſtene, mais ceux qui en eſtoient euſſent mieux fait du moins de dire comme un des premiers Sages de ces premiers temps-là ; car ne pouvant ſouffrir qu'on parlât en détail de toutes ces divinitez chimeriques, il diſoit que quand on parloit des Dieux, il faloit ſe contenter de dire qu'il y en a, & les adorer ſans rien particulariſer; & cette ſecte avoit un tort inexcuſable de ne croire pas un Dieu comme Socrates, comme Platon, & comme Ariſtote, quoy qu'en diſent leurs ennemis, & les libertins, & de chercher la tranquilité, comme ils difoient, dans le doute univerfel, puifque rien n'eft fi oppofé au repos que le doute & l'incertitude. Je fuis de ce fentiment là, dit Amalthée, & rien n'eft plus oppofé à mon humeur. Je dis quelque chofe de plus, dit Amerinte, car felon moy rien n'eft plus oppofé à la raifon, & il me paroift même qu'il eft tres-difficile qu'elle ne fe determine pas, & qu'il luy eft plus naturel de juger mal que de ne juger de rien ; & puis il faut qu'on demeure d'accord qu'il y a des chofes qui font tellement vrayes qu'elles ne peuvent eftre fauffes, & que par consequent l'incertitude generale est tres-mal fondée. Sur tout, ajoûta Aristene, parce que le doute est le premier pas vers le libertinage, comme je pense l'avoir déja dit, puisqu'il n'y a point de libertin qui ose dire qu'il ait des preuves naturelles de sa pernicieuse croyance; & quand il seroit vray, ce qui n'est pas, qu'on ne pût luy demontrer clairement le contraire de ce qu'il pense; il faudroit encore dans un doute égal, il faudroit, dis-je, se determiner à croire ce que la foy enseigne, & ce que la raison authorise depuis une longue suite de siecles, & ne hazarder pas l'Eternité sur un simple doute, qui n'a pour fondement

ment que l'ignorance ; car à parler sincerement l'atheïsme est une extravagance dont l'homme ne seroit pas capable, si sa raison n'estoit pas dépravée, & obscurcie par le déreglement des passions. Mais comme les préjugez raisonnables sont d'un grand usage dans la connoissance des choses, je m'estonne que les libertins ne considerent pas, poursuivit-il en soûriant, que parmy tous les décendans d'Epicure, & de toutes les autres sectes qui ont douté de l'existence de Dieu, & de l'Immortalité de l'Ame, on n'en a presque point vû qui ne se soient du moins abandonnez à leurs mauvaises inclinations, & pour l'ordinaire à toute forte de vices ; & qu'ainsi il y a lieu de croire qu'ils ne cherchoient à douter que pour ne se corriger pas. Qu'on ne me parle point, ajoûta-t'il, de la moderation d'Epicure, il devoit apparemment sa sobrieté à son temperament mal sain, & non pas à sa Philosophie, & l'horrible licence de la pluspart de ses disciples a deshonnoré sa doctrine, & en quelque sorte sa pretenduë vertu. Comment peut-on même expliquer l'adversion qu'un grand homme luy reproche d'avoir inspirée à ses disciples pour la pluspart des Sciences, & des beaux Arts, sans en excepter l'Astronomie & la Mufique. C'est sans doute, interrompit Amerinte en riant, qu'il regardoit toujours le Soleil, la Lune, & les Estoiles comme de la poussiere ramassée. Cela est agreablement exprimé, reprit Aristene, & vous pouvez encore ajoûter que son adversion pour la Musique venoit de la discordance perpetuelle qu'il y a entre les opinions de cette secte avec la verité & la vertu. Il est pourtant certain, reprit Timandre, que de grands hommes, & même de grands Saints, sont convenus de la vertueuse moderation de sa vie. J'en conviens comme eux, reprit Timandre, mais cela même a rendu le poison de sa doctrine plus dangereux, & le rend encore aujourd'huy. Il me paroît même, poursuivit-il, que cet homme qui cherchoit la tranquilité de la vie à la veuë du neant où il croyoit devoir rentrer, si l'on peut parler ainsi, vouloit pourtant en quelque sorte vivre aprés sa mort, car il solemnisoit avec joye le jour de sa naissance; & il ordonna même par son testament qu'on la celebrât à perpetuité; ce soin là ne me paroît pas d'un Philosophe détaché de tout, & je suis persuadé que la fausse gloire d'estre le chef d'une secte nouvelle seduisit sa raison. S'il eût esté incertain, reprit Timandre, il n'eût pas eu ce petit mouvement de vanité. Quoy qu'il en soit, dit Aristene, il y a deux sortes d'Athées tres-pernicieux, les uns aprés avoir effleuré legerement toutes les diverses opinions des Philosophes, ne croyent point de Dieu sans sçavoir bien precisément pourquoy; les autres ne s'en informent guere, parce qu'ils apprehendent d'estre persuadez qu'il y a une seconde vie, & que cette verité ne les oblige de se corriger, & les uns & les autres sont assurément incertains, estant absolument impossible qu'ils puissent jamais trouver aucune certitude dans leur détestable croyance, comme je l'ay dit, & redit, parce qu'on ne peut assez le redire. En effet on ne voit que trop tous les jours qu'une partie des jeunes gens qui entrent dans le monde ont un penchant au libertinage, & que de tous les exemples qu'on leur peut donner, celuy qu'ils suivent le plus facilement, est celuy qui les porte à douter de tout ce qu'il y a de plus Saint, sans se donner la peine de rien examiner; de profiter de l'experience de leurs peres; & des conseils de ceux qui les élevent; au contraire ils les méprisent bien souvent, & écoûtent bien plûtost quelques vieux libertins plus coupables encore que les jeunes, qui leurs citent des exemples de ce déreglement

DE L'INCERTITUDE. 463
là; car il y a parmy ces sortes de gens une tradition de libertinage qui leur sert à seduire les jeunes esprits sans sçavoir, & sans experience. Mais on peut se servir contre-eux du sentiment d'un sage Philosophe Payen, qui ne pouvoit souffrir qu'on se défendît par de mauvais exemples, estant en cela du sentiment du celebre Demostene: *Ne m'alleguez point*, disoit cet illustre Orateur parlant à un accusé, *que ce que vous avez fait s'est fait autrefois impunément, puisque cela même veut que vous soyez puny avec plus de severité; car comme vous n'auriez pas commis ce crime si le premier exemple que vous en avez eu avoit esté suivy*
Qq iiij

d'une punition severe ; il est tres-juste de vous punir selon les loix, afin que dans la suite vous ne soyez pas imité. Ce que vous raportez est tres-beau, dit Amalthée, & prouve qu'on ne peut trop loüer le Roy de la juste indignation qu'il témoigne avoir pour les moindres apparences de libertinage, & il donne de si grands & de si bons exemples de pieté, que cela rend beaucoup plus coupables ceux qui en suivent de mauvais sur ce sujet là. On peut même dire, ajoûta Amerinte, que non seulement le mauvais exemple fait les libertins, mais qu'il fait aussi quelquesfois les coquettes, qui sont assez souvent un peu libertines sans le sçavoir. Ah ! pour cela, reprit Isidore, vous allez trop loin, & je ne pretends pas estre ny libertine, ny coquette, pour estre un peu incertaine. Je n'ay pas dit cela pour vous, reprit Amerinte, car je sçay bien que vous n'estes ny coquette, ny libertine, & que vous n'estes presque incertaine que par habitude, pour rendre la conversation plus vive par la contestation ; mais je le dis pour quelques Amies que vous avez, qui estiment trop leurs Amis libertins ; & je soûtiens que quoy que le libertinage soit tresblâmable & tres-dangereux aux hommes, il l'est encore plus aux Dames. En effet, poursuivit-elle, un honneste libertin ne se portera pas à voler, à trahir ses Amis, ny à assassiner personne; mais je vous avouë que je suis persuadée qu'une femme qui auroit le malheur de s'affranchir du juste joug de la Religion, auroit peut-estre quelque peine d'estre toujours rigoureuse à un fort honneste homme qui seroit amoureux d'elle, & qui ne luy demanderoit que d'estre écoûté, que d'estre plaint, & d'estre un peu distingué, car c'est le langage ordinaire des plus dangereux des Amans. Il est vray, dit Amalthée, que le peril seroit plus grand pour cette Dame là, que celuy où se peuvent trouver les libertins qui n'ont pas renoncé à l'honneur du monde, & qu'en un mot ce caractere là est si detestable, soit aux hommes, soit aux femmes, qu'on ne peut les trop blâmer; & si on vouloit bien observer que tous les mauvais Princes ont esté ou sans esprit, ou sans Religion, & que la pluspart des libertins de condition ordinaire meurent comme des bestes, ou avec des repentirs qu'on peut vray-semblablement croire inutiles, par le peu de temps qu'il leur reste à vivre quand ils se repentent, on se resoudroit à prendre toujours le chemin le plus assuré. Ce que dit la sage Amalthée est parfaitement bien dit, reprit

Aristene, & l'incertitude n'a jamais esté le caractere d'un Heros. En effet, poursuivit-il, la certitude établie sur un bon principe est proprement ce qui fait l'honneste homme, l'homme d'honneur, & le Grand homme; puisque c'est cela seul qui le fait agir également en tous les divers estats où il peut se trouver; estant toujours le même dans la bonne, ou dans la mauvaise fortune, dans l'obscurité, ou dans l'éclat, dans la vie privée ou publique; au lieu que le mal honneste homme, incertain & frivole change à tous vents, parce qu'il n'a nul principe certain dans l'esprit. Aussi voyons-nous les gens de

DE L'INCERTITUDE. 469

cette espece ne se fixer jamais à rien, s'accommoder au theatre du monde, s'il faut ainsi dire, & au goût de ceux à qui ils veulent plaire, soit par des motifs de plaisir, d'intereft ou d'ambition. Celuy qui ne parloit guere parle beaucoup, celuy qui paroissoit modeste & juste devient violent & tyrannique ; celuy qui estoit devot en apparence devient libertin ; au contraire le libertin devient hipocrite, ne pouvant devenir homme de bien, & par cent changemens sans raison, il est toujours aussi incertain que la mer dont l'agitation ou le calme ne dépendent jamais d'elle-même ; au lieu que l'égalité fondée sur une certitude raisonnable est le veritable caractere d'un homme solidement vertueux & accomply. En effet, ajoûta Aristene en regardant Amalthée, nous voyons un grand exemple de cette sage & constante égalité en la personne d'un de vos plus illustres Amis, que son rare merite, & le choix d'un grand Roy, & du plus habile Roy du monde, vient d'élever à la premiere dignité de l'Estat. Je ne parle point icy, poursuivit-il, de ses lumieres, de sa capacité, de ses vertus en particulier, & entre les autres de sa modestie, de sa liberalité, qu'il ne permet pas même de reveler ; ny de la generosité & de l'élevation de son cœur ; mais j'avance seulement à sa gloire, qu'en tous ses divers emplois on luy a toujours vû le même caractere de sagesse, de moderation, & d'équité ; ce qui est sans doute celuy d'un veritable Chancelier, si bien exprimé par la belle inscription qu'on a si justement mise à une Medaille qui le represente ; car par trois paroles de Ciceron bien choisies on marque qu'il a en partage l'inclination bien-faisante, compagne de la Justice, qui est le plus beau caractere du monde pour celuy qui est comme le premier dépositaire des graces & de la justice du Prince. Ce sentiment là est même heureusement exprimé par deux figures de la Medaille, dont la principale est la Justice, & l'autre celle qui distribuë les graces, & convient parfaitement au veritable caractere de l'excellent homme dont j'entends parler. On a tres-bien fait, dit Amalthée, de graver cela en caracteres ineffaçables, car je réponds hardiment que cette belle inscription conviendra toujours à celuy à qui on l'a appliquée, & qu'il gardera constamment le caractere qu'on luy a vû depuis ses premiers Emplois, qui est une application toujours égale & uniforme à ce qui merite les plus grandes dignitez,

dignitez, sans aucun empressement pour y parvenir. De sorte que bien loin de m'opposer à ce que vous venez de dire, je declare qu'il faudroit encore beaucoup ajoûter à cet Eloge, & ce grand exemple si avantageux à la certitude me fait encore plus blâmer les incertains, & me persuade que la seule incertitude loüable, est celle qui nous fait douter du mal qu'on dit de nostre prochain en nostre presence, & même de celuy qu'on dit de nos propres ennemis. Ce que dit la sage Amalthée, reprit Aristene, est tres-juste & tres-bien dit. J'en conviens, dit Isidore, mais j'avouë à ma honte que je ne suis pas trop fâchée, quand j'apprends que les gens que je n'aime pas ont fait quelque chose de travers, & que je le crois assez aisément, renonçant à l'incertitude en cette occasion; mais pour vous montrer que je ne suis pas une incertaine incorrigible, je m'observeray sur cela à l'avenir. Pour moy, dit Timandre, je ne me déferay pas facilement de toute incertitude, mais je ne l'ay jamais portée jusques à la Religion, & je n'ay parlé comme j'ay fait, que pour donner lieu à Aristene de nous dire toutes les belles choses que nous avons entenduës. En effet je ne me suis point laissé tromper par la multitude des Philosophes Payens qui ont douté de l'existence de Dieu, & de l'immortalité de l'Ame: J'ay pesé les voix sans les compter, & Socrate, Platon, Aristote, Pitagore, & quelques autres qui ont eu connoissance de ces deux grandes veritez, sans oser les enseigner bien clairement, ont esté un grand contre-poids contre la doctrine d'Epicure, & de ceux qui l'ont suivie en y changeant quelque chose. En effet Pitagore si sçavant, si sage & si vertueux, interrogé quand il faloit prier les Dieux, répondit, *à tous les momens*. Un Philosophe Chrêtien auroit-il pû dire rien de plus beau. Cela est fort bien remarqué, reprit Aristene; mais le même Philosophe vouloit encore qu'on ne demandât rien de précis pour soy-même, parce que l'homme, disoit-il, ne peut sçavoir ce qui luy convient, & il vouloit seulement qu'on priast la Divinité qu'on invoquoit de donner ce qui estoit propre à ceux qui prioient. Cette regle doit pourtant avoir quelque exception, ajoûta Aristene, & Vespasien fit un jour une tres-belle priere estant prest d'estre Empereur, car il demanda à Jupiter qu'il ne commandast qu'à des gens sages, & qu'il n'obeït luy-même qu'à des Sages. Cela est admirable, dit Amerinte, pour un Prince Payen, car je suis persuadée que les fausses Religions de ce temps là ne pouvoient guere porter à un si beau sentiment, & la seule Religion Chrestienne enseigne les vertus sans tache, & par les commandemens de Dieu, & par les exemples d'un nombre inombrable de Martyrs & de Saints qui ont paru dans l'Eglise depuis la mort de Jesus-Christ. Cela est tres-bien dit, reprit Aristene, & quiconque rapellera dans sa memoire le fil non jamais interrompu depuis la creation du monde jusques à nous, de la connoissance de Dieu, qui considerera, dis-je, toutes les Propheties de l'ancienne Loy si exactement accomplies dans la nouvelle, la maniere merveilleuse dont la Religion Chrestienne s'est établie, le prodigieux nombre de Martyrs qui ont répandu leur sang avec joye, les grands Hommes, & les grands Saints qui l'ont suivie & annoncée; la pureté de la Morale Chrestienne qui ne peut venir que de Dieu, les Miracles qui l'ont confirmée en divers siecles, & qui ont esté si incontestables, que les Payens même n'ont osé les mettre en doute, s'estant contentez de les contrefaire pour en affoiblir la merveille. Quiconque, dis-je, se souviendra de tout ce que je dis,

& de mille autres choses que je laisse aussi fortes que celles-là, s'estonnera avec raison qu'un petit nombre de libertins, la pluspart tres-ignorans, ayent la folie & l'audace de se vouloir égarer, & je suis ravy de voir que Timandre n'ait pas porté le doute jusques-là; car pour Isidore, j'avois bien connu qu'elle n'avoit qu'une superficie d'incertitude. Mais aprés tout, dit-elle en soûriant, il ne me paróist pas que Timandre & moy soyons tout à fait vaincus, ny que l'Empire de l'Incertitude, si l'on peut parler ainsi, soit entierement détruit; car à parler raisonnablement, tout ce que le sage Aristene a si bien & si forte-

ment dit, ne regarde que la Religion, & nous en convenons sans resistance, renonçant à toute incertitude sur ce sujet là. Ah! Isidore, reprit Amalthée, ce que vous dites me fait souvenir de je ne sçay quel combat dont j'ay lû autrefois la Relation, qui marquoit qu'on avoit fait des feux de joye dans les deux Armées, car je croyois qu'Amerinte & moy devions la victoire entiere à Aristene. Cela n'est pourtant pas ainsi, reprit Timandre, & il y a un grand nombre de choses sur lesquelles il conviendra sans doute que chacun peut prendre tel sentiment qui luy plaist, & que les Loix & la raison soûmet-
tent

rent à la volonté pure & simple. Mais ne seroit-il point donc à propos, dit agreablement Isidore en soûriant, afin d'établir une bonne paix entre les decisifs & les incertains, de regler tout d'un coup les limites de ces deux Eſtats qui ont des sujets par tout le monde; à condition que nous ne ſerós pas auſſi long-temps à en convenir que les Commiſſaires aſſemblez à Ratiſbonne le ſont à regler les limites dont il s'agit entre-eux, malgré le zele & l'habileté du Plenipotentiaire de France qui eſt fort de mes Amis: Cependant pour lever toute difficulté à ce que je propoſe, ajoûta-t'elle, je conſens qu'Ariſtene tout ennemy qu'il eſt de l'Incertitude, regle les articles de cette Paix, & je ne croy pas que Timandre me contredife. Bien loin de cela, reprit Timandre, je l'en prie, pourveu qu'il nous permette de dire nos raifons; non, non, dit Amerinte, il ne faut point en ufer ainfi, il faut luy laiffer dreffer les articles de cette paix, & puis nous les examinerons. Pour mieux faire, dit Amalthée, il faut qu'Ariftene ne fe charge que des articles pour les decififs, & que Timandre dreffe les autres, & puis nous verrons fi on les pourra joindre enfemble. A cette condition, reprit Ariftene, j'y confens; car je ferois bien fâché, ajoûta-t'il en riant, que des personnes infiniment aimables sortissent en guerre de ma solitude, où la paix regne toujours. Cela estant resolu, Aristene aprés avoir parlé à Amalthée & à Amerinte, & Timandre à Isidore, fit entrer Timandre dans son cabinet, luy donna de quoy écrire, & écrivit luy-même, pendant quoy deux des Dames s'amuserent à lire ou à écouter Isidore qui joüa admirablement d'un Clavessin qu'elle trouva dans la sale où elles furent en attendant les articles de cette celebre Paix. On ne dit point si Aristene & Timandre s'entre-montrerent ce qu'ils avoient écrit separément, mais ils sortirent du cabinet comme les

Dames rentroient dans la chambre, & leur firent voir les articles de cette Paix conceus en ces termes.

Nous les Decisifs & Incertains sommes convenus de ce qui s'ensuit.

I.

Qu'on tiendra toujours pour certain sans en douter jamais, tout ce qui regarde la Foy.

II.

Tout ce que les sens montrent également à tous les hommes.

III.

Tout ce que le sens commun leur aprend.

IV.

Toutes les maximes dont les

Nations conviennent, & qui font le droit des gens.

V.

Qu'il faut suivre les loix des Estats & des Païs où l'on naist, & preferablement à tout celles de Dieu, qui sont les seules loix au dessus de toutes les autres.

VI.

Qu'il faut aimer, servir & obeïr à son Roy quel que Dieu le donne.

VII.

Qu'il faut ne manquer jamais aux loix naturelles, comme d'aimer ceux à qui on doit la vie, d'avoir de la reconnoissance pour ceux qui nous obligent, & de la charité pour tout le monde.

VIII.

Que tout ce qui est injuste est défendu.

IX.

Et qu'il faut mesme convenir qu'aux choses de la vie qui consistent en action, il vaut mieux en quelque sorte se determiner mal, que de ne se determiner pas, & flotter toujours dans l'Incertitude.

X.

Voila qui est admirablement bien pour les Decisifs, dirent Amalthée & Amerinte; je pourrois pourtant bien, dit Isidore en riant, chicaner sur quelques articles, & sur tout sur celuy du sens commun qui est bien different entre tous les hommes, cependant en consideration du bien de la Paix je signeray cela: Mais voyons les articles des Incertains, poursuivit-elle, car je crains un peu que Timandre ne se soit trop relâché.

Articles des Incertains accordez par les Decisifs.

I.

Toute la Phisique sans exception, pour éviter une guerre eternelle, peut estre un sujet d'incertitude.

II.

Toute l'Astrologie, dont les yeux, la raison, l'experience de tous les siecles, n'ont encore presque rien enseigné avec certitude.

III.

Toute la Medecine dont toutes les facultez depuis Hipocrate, ne conviennent jamais parfaitement.

IV.

Que la mesme liberté sera établie dans toutes les sciences, generalement en ce qui ne se pourra decider par les principes établis par les articles precedens.

V.

Qu' Aristene chef, des Decisifs, demeure d'accord qu'il y a beaucoup de choses que chacun peut decider selon son inclination ; par exemple, s'il vaut mieux se marier ou ne se marier pas.

VI.

Si c'est le Ciel ou la Terre qui tournent, si le Quinquina vaut mieux contre la fiévre que les remedes ordinaires.

Eh ! de grace, interrompit Isidore en soûriant, laissez-nous la liberté de decider entre l'usage du Thé, du Café, & du Chocolat ; car encore que j'aye leu avec plaisir le beau & curieux Traité qu'en a fait un illustre Marchand de Lion, je ne suis pas encore determinée sur ce choix-là. Je ne dispute pas cet article, reprit Aristene en riant. J'ay même abandonné, poursuivit-il, en faveur des Dames toute la musique, soit de simphonie ou de voix, & même le choix de tous les honnestes divertissemens, pourvû qu'on n'en fasse pas une occupation continuelle.

Je ne vous liray donc pas cet article, dit Timandre, mais écoutez le reste.

VII.

Que ceux qui aiment la chasse choisiront librement celle qui leur plaira le plus.

VIII.

Et qu'en dernier lieu, pour purger le monde de mauvais Livres dont on est accablé, nul ne decidera souverainement des Ouvrages d'esprit qu'il aura faits, & ne songera à les faire imprimer sans les avoir montrez à deux Amis sçavans & sinceres; en foy de quoy nous les Decisifs & Incertains avons signé ces articles, promettant les faire ratifier à tous les Decisifs & à tous les Incertains, pourvû qu'on nous donne un temps raisonnable pour les en avertir & en avoir réponse.

En verité, reprit Isidore en

raillant agreablement, il faut donc remettre la ratification de cette Paix jusqu'à la fin des siecles. J'avouë ingenument, dit Amalthée, que je ne pensois pas que l'Empire de l'Incertitude fust si grand. Je suis de vostre avis, dit Amerinte, & je le croyois plus petit. Mais aprés tout, reprit le sage Aristene en soûriant, j'ay quelque envie de dire qu'il s'en faudroit tenir à ce que disoit assez plaisamment un des illustres Autheurs de nostre siecle, quand quelqu'un de ses Amis l'accusoit d'estre opiniâtre; tu te moques repliquoit-il, il n'y a que Dieu seul qui puisse sçavoir si l'homme est opiniâtre ou constant: Et selon cette maxime, poursuivit Aristene, on pourroit dire serieusement qu'il n'y a que Dieu seul qui puisse sçavoir si on a raison d'estre decisif ou incertain. Cela est bien dit, reprit Timandre, & d'autant mieux dit, que Salomon & Aristote ont dit chacun en leur maniere, que nos doutes croissent à mesure que nostre sçavoir croist. Mais eussions-nous crû en sortant de Paris, dit Amerinte, que nostre incertitude nous eust fait dire par le sage Aristene tant de veritez incontestables. Cependant, ajoûta-t'elle, j'espere qu'il est permis de douter s'il n'est pas temps de nous promener dans un beau jardin que j'ay entrevû du vestibule, avant que de nous en retourner. Je suis de vôtre avis, reprit Amalthée, & en effet Aristene les y conduisit, & elles trouverent dans un grand Cabinet en dôme, au bout d'une allée au delà du Parterre une collation magnifique & propre, qui fit bien voir que la vertu d'Aristene n'estoit pas farouche, & cela même servit à persuader à Isidore & à Timandre, qu'il estoit solidement vertueux sans nulle affectation. De sorte que cette aimable compagnie ne s'entretint en s'en retournant que du merite de cet excellent homme, & Isidore promit à ses Amies, de ne souffrir jamais que quelques Amis qu'elle avoit disent rien en sa presence qui tendît au libertinage, estant tout à fait du caractere d'une honneste femme, de ne souffrir non plus qu'on parle chez elle contre la Religion, que contre la modestie.

Fin du premier Tome.

Fautes d'impression.

Page 18. ligne 17. empefché, *lifez* empefchée.
Page 66. lig. 7. ces Vers font, *lifez* ces Vers là font.
Page 89. lig. 14. Fable, *lifez* Fables.
Page 100. lig. 9. quelles, *lifez* qu'elle.
Page 206. lig. 13. leurs vieilleffes, *lifez* leur vieilleffe.
Page 286. faur, *lifez* faut.
Page 300. lig. penultiéme, *oftez* &.
Page 307. lig. 19. ne croit, *lifez* ne voit.
Page 585. lig. 19. l'indifcreriton, *lifez* l'indifcretion,
Page 588. lig. 10. jons, *lifez* jours.
Page 599. lig. 15 *oftez* de.
Page 634. lig. derniere, omprendre, *lifez* comprendre.
Page 706. lig. 12. Arterie, *lifez* Arpafie.
Page 747. lig. 15. appellée, *lifez* appellé.
Page 756. lig. 4. Merinte, *lifez* Melinte.
Page 759. lig. 12. l'un, *lifez* l'une.
Page 953. lig. 10. Belinte, *lifez* Belinde.
Page 958. deuxiéme Vers, cent bien, *lifez* cent biens.
Page 964. lig. 18. Belinte, *lifez* Belinde.
Page 972. lig. 14. reptit, *lifez* reprit.
Page 993. lig. 5. pus, *lifez* plus.

Contraste insuffisant

NF Z 43-120-14

www.ingramcontent.com/pod-product-compliance
Lightning Source LLC
Chambersburg PA
CBHW050609230426
43670CB00009B/1325